JN267910

土井家の「一生もん」
2品献立

みんなが好きな「きれいな味」の作り方。

講談社

目次

01
豚肉のしょうが焼き　7＿8
　　○つけ合わせ
　　キャベツと玉ねぎの蒸しサラダ　7＿8
落とし卵のみそ汁　6＿9

02
鶏のから揚げ　10＿12
くずし卵のサラダ　11＿13

03
肉じゃが　14＿16
かぶのあちゃら漬け　15＿17

04
かぶとつくねの含め煮　18＿20
牛ごぼう　19＿21

05
煮豚と煮卵　23＿24
水菜のからしあえ　22＿25

06
さんまの塩焼き　26＿28
豚ばらとにらのみそ汁　27＿29

07
ぶりの照り焼き　30＿32
ほうれんそうのごまあえ　31＿33

08
金目の煮つけ　34＿36
ほうれんそうの白あえ　35＿37

09
かやくご飯　38＿40
鮭のつけ焼き　39＿41
　　○つけ合わせ
　　みょうがの酢漬け　39＿41

10
親子丼　43＿44
わかめのみそ汁　42＿45

11
冷やしそうめん　47__48
かぼちゃの直がつお煮　46__49

12
きざみうどん　50__52
卵焼き　51__53

13
ハンバーグ　55__56
　　○つけ合わせ
　　ごぼうの塩きんぴら　55__57
じゃがいもと玉ねぎのサラダ　54__57

14
炊き込みオムライス　58__60
グリーンサラダ　59__61

15
かきフライ　63__64
タルタルサラダ　62__65

16
ビーフステーキ　66__68
フライドポテト　66__69

17
グリルチキンのサラダ　70__72
じゃがいもの重ね焼き　71__73

18
えびのコーンフレーク揚げ　74__76
蒸し野菜のサラダ　75__77

19
チキンカレー　79__80
野菜のピクルス　78__81

20
手巻きずし　83__84
はまぐりの潮汁　82__85

21
おでん　87__88
茶飯　86__89

22
すき焼き　91__92
白菜の即席漬け　90__93

○この本では、材料の計量を次のように表記しています。
　カップ1＝200mℓ、大さじ1＝15mℓ、小さじ1＝5mℓ
　米はカップ1＝200mℓ
○レシピの中に出てくるフライパン、鍋の大きさは目安です。

そろそろ、「うちの家庭料理」のベーシックを持ちましょう

　この本には、言うたら「あたりまえのもん」しか出てきません。何も目先の変わった料理ではない。でも、おいしい作り方を覚えてしまえば、きっと一生作り続ける「一生もん」の料理ばかりです。

　そして、その「おいしい作り方」の中には、ほかの料理にも役立つ「一生もんの料理の基礎」が含まれています。何回でも作って、料理をひとつモノにするたびに、基礎が身についていく。お料理が上手になっていく。そんなレシピ本はあまりないですが、とても大事なことやと私は思うてます。

● 「主菜」ってなんでしょう？

　「2品献立」——と本のタイトルにうたっていますが、これは料理の組み合わせのヒント、献立のヒントという意味に考えてください。

　以前から不思議だったんですよ。「主菜」と「副菜」という区別。あるいは「大きなおかず」「小さなおかず」と言ったりもする。雑誌などの仕事で、その手のテーマが与えられるたびに「なんで、そんなふうに分けるんですか」と聞いてきました。そしたら、栄養学的な見地なんだそうですね。「主菜」「大きなおかず」には、タンパク質が入っていないといけないらしい。

　でも、それは頭で考えた話。家庭料理はそんなんと違うんやないかな。ええ筍があったら、シンプルに煮て食べたい。それが「主菜」やと私は思う。そこに肉は入れたくないんですよ。だって筍は、何も入れないほうがおいしいから。それに肉のことを考えたら、筍を煮るのが難しくなるし、肉を入れたらほかの料理と同じになってしまう。肉のうまみや調味料のうまみが混ざって、このお料理の見せ場と言うか、「何を食べさせたいのか」いうことが、ぼやけてよくわからなくなる。筍そのもののおいしさが薄らいでしまう。つまらないよね、それでは。

● 「ワンディッシュおかず」は難しい

　レシピ本や雑誌の料理ページを見ると、「主菜」と「副菜」が混ざったような料理が今は多いですね。肉も野菜も入った、たとえば炒め物のような「ワンディッシュおかず」をひとつ作れば、食事のしたくがラクだと考えるのでしょう。

　でも実はそういう料理は高度よね。材料が多くなれば火の通り方も違うわけで、そういう料理は本当は難しくなるんです。それに材料の意外な組み合わせを楽しむような「ワンディッシュおかず」は、食べたらそのときはおいしいけれど、また作れない、作ろうと思わない。普遍的なものではないよね。だからそのたびに新しいレシピを求める、みたいなことになってしまう。一生食べたい、一生作り続けたいと思うベーシックな料理が、いつまでも身につかないと思うんですよ。

● 「献立」はお天気で決めよう

　一皿ですまそうとせずに、全体のバランスで考えるようにすれば、毎日の食事はもっとシンプルで、おいしくて、気持ちのよいものになるんです。

　簡単なことです。たとえば筍の煮物を「本日のメイン」にしたら、あとは魚の切り身の塩焼きなんかがあれば、「献立」ができる。

　いかにも手の込んだ複雑なおかずを作らなくても、家庭料理はシンプルでいいじゃないですか。お天気に合わせて服を選ぶように、「今日はあったかいから、さっぱりと野菜が食べたい」という気分で、おかずを作ればいい。そのとき、料理名ではなく、素材で「本日のメイン」を選ぶとラクです。いいほうれんそうがあるから、青菜炒めにしようとか、ごまあえにしようとか。そしたらあとは、魚か肉の簡単な料理と、みそ汁と……と考えていけばいいわけで。

● 「味つけ」は重要ではない

　かつお節をたっぷり使った濃いだしをとれば、おいしい料理が作れると思うのは間違いですよ。だって毎日のみそ汁は、のどをするりと通っていく、さっぱりと軽やかな味わいのほうがおいしいよね。濃いだしは、味つけも濃

くしないと味のバランスがとれません。そういう料理、そういう味は、ハレの日にたまに食べるからこそおいしいもの。毎日では飽きてしまうし、胃が疲れてしまって、からだにもやさしくない。

「味つけ」は60％とか70％でやめること。

田舎に行って、上手なお料理に出会うことがよくあります。「なんでこんなに自然なおいしい味が、薄味で出てくるのかなぁ」と思うたら、それは力が抜けているせいなんですね。味つけを60％ぐらいに控えて、あとは素材におまかせ。自然の力におまかせ。料理において「味つけ」って、そんなに重要ではないんです。むしろ「火加減」のほうが大事やな。じっくりと火を通して、柔らかく煮た薄味の里芋なんて、最高にうまいでしょう。そうしたシンプルで素朴な料理こそ、家で食べたいじゃないですか。

「混ぜる」のも60％とか70％でやめること。

これも大切なことです。あえ物でもサラダでも、ぐちゃぐちゃと混ぜると、まず見た目に美しくないですね。美しくない料理はおいしくない。「ああ、きれいな色やな」と思ったら、それができあがり。考えてみてください。ボウルから器に盛って、器からみんなで取り分けて、それを口の中に入れて……。そのたびに「混ざる」わけですから、最初から100％混ぜてしまった

ら、おいしいものもおいしくなくなるでしょう。

家庭料理はなんにおいても、「控える」ほうがうまくいくんです。

● 「自然の力」を借りましょう

調味料をいいものを使えば、料理は確実においしくなります。

たとえば私は「粟国の塩」「ゲランドの塩」といった、昔ながらの製法で作られている自然の塩を使っています。これの何がいいかと言うたら、「幅が広い」んですよ。つまり、ちょっと足らなくても、ちょっと多くても、みんなおいしい。それが「味の幅がある」ということ。自然のものには、それほど度量があるんです。

一方、同じ塩でも化学的に精製された塩化ナトリウムは、80％なら80％の量をピシッと決めて入れないと、塩辛く感じたり、物足りなかったりする。

ほかの調味料でも食材でも同じです。「自然のもの」というのは、ほんとに豊かで、やさしいものですよ。家庭料理はその力を大いに借りるべきだと思う。

お父さん、ちょっと疲れてるから、すっぱいものがあるといいかな、とか。今日はおかずの品数が少ないから、みそ汁を少し濃いめにしてこくを出そう、とか。このトマトは味が薄いから、ドレッシングに少し甘みを加えよう、とか。家庭料理のいいところは、そん

なふうにいろんな細かい調節ができるところ。お天気を見て、店に並んでいる素材を見て、家族の顔を見て作るのが、家庭料理なんですよね。やりがいのある楽しい仕事です。

だから、お料理上手にならなくては。あれこれ入れてなんとなく作ったら、結果的においしいものができた、というのではなく、最初から「おいしい料理を作る」ことを目指して調理をする。そうすれば料理のことがわかってくる。応用がきくようになる。料理をするのが楽しくなる。楽しんで作らないと、おいしい料理はできません。

● 「きれいね」と言われたら成功です

「おいしい味」とは、「きれいな味」だと私は思います。

自然の素材をていねいに扱って、そのうまみを生かすためによけいなものを加えない、澄んだきれいな味の料理。味も色もにごっていない。形もくずれていない。きれいな味の料理は、見た目もきれいなんです。

家族に「きれいね」って喜ばれる料理を目指してください。それはきっと、ひとが食べることを考えた、ひとのことを思いやるやさしい料理です。ひとにやさしい料理こそが、おいしい料理やと私は思うんです。

01 豚肉のしょうが焼き + 落とし卵のみそ汁

ふわりと立ちのぼる、だしのいい香り。
半熟卵を割って、とろり溶け出したところをいただく
お椀の中の幸福。日本の家ごはんの幸福。

甘辛しょうゆ味のたれをとろんとまとって、
かむと肉汁あふれる豚肉のジューシーさ。
ちまたのパサパサのしょうが焼きとは
まったく別もの！

豚肉のしょうが焼き

どんなしょうが焼きを食べたい(食べさせたい)ですか? しょうがのきいた甘辛だれのうまみだけでなく、豚肉そのもののおいしさも、私は味わいたいと思う。

その決め手は、片栗粉です。
肉の一部分にチョンと薄くつける程度でいい。まじめに(きれい、ていねい、まんべんなく)つけると料理が重たくなりますから、「まじめにつけない」。これがポイント。

わずかな片栗粉で口当たりがよくなります。肉のうまみが内に封じ込められます。香ばしさが増します。それに、肉の味わいを生かすための必要最小限の調味料でも、たれにほどよいとろみがつくから、味がしっかりからむんです。

まじめにつけない片栗粉、これがポイント

a 広げた豚肉に下味の調味料をサッとからめる。
b 香ばしい焼き色がついたら返して、もう片面も焼く。
c 肉がすべて焼けたら、たれの調味料を加えてからめる。

材料　4人分
豚肩ロース薄切り肉(しょうが焼き用)
　‥‥300g
　(肩ロースはうまみが強い部位。ほかの部位の薄切りでもいい)
A［しょうゆ、酒‥‥各大さじ1
　 しょうがの絞り汁‥‥大さじ1/2
片栗粉‥‥適量(大さじ5ほど)
サラダ油‥‥大さじ1〜2
〈たれ〉
砂糖、しょうゆ、みりん、酒
　‥‥各大さじ1
しょうがの絞り汁‥‥大さじ1/2

1　豚肉にAの下味をまぶして、全体によくほぐす(すぐに焼いても、そのまま10分ほどおいてもいい)[→a]。
2　豚肉を半分ずつに分けて焼く(フライパンに広げられる程度の量ずつ焼く。2人分の量なら一度に焼いてOK)。フライパン(直径26cm)にサラダ油大さじ1/2〜1を熱し、豚肉に片栗粉を軽くまぶしながら入れる。焼き色がついたら返して、中火強で両面をこんがり焼き[→b]、いったん取り出す。
3　肉から出た脂をキッチンペーパーでふき取り、足りなければサラダ油大さじ1/2〜1を足して、残りの豚肉をこんがりと焼く。
4　3のフライパンに2の豚肉を戻し入れ、〈たれ〉の調味料を混ぜ合わせて加える。フライパンをゆすりながら強火にかけて、いりつけるように味をからめる[→c]。

○つけ合わせ　キャベツと玉ねぎの蒸しサラダ

ぴっちりとふたができる鍋やフライパンで、野菜を蒸しゆでにするんです。キャベツのせん切りだと時間がかかるけれど、これならアッという間にできるし、野菜の甘みが引き出されて、とてもおいしいでしょう。しょうが焼きの濃い味と一緒に食べるのが、また格別。ほかの料理にも合うし、こういうの、覚えておくと便利よね。

材料　4人分
キャベツ‥‥1/3個(400g)
玉ねぎ‥‥大1個(250g)
　(ラディッシュ、きのこなどが入ってもよい)
水‥‥カップ1/3
オリーブオイル‥‥大さじ2
塩‥‥少々

1　キャベツは食べやすく切る。玉ねぎは皮をむき、左右の端を切り落として、縦に1cm幅に切る。
2　きちんとふたのできるフライパン(直径24cm。鍋でもよい)にキャベツ、玉ねぎ、水、オリーブオイルを入れてふたをし、強火にかける。
3　煮立ったら、中火に1〜2分かけて蒸し煮にする。塩をふって、薄めに味つけする。
○あれば仕上げにパセリのみじん切りを加えても。

落とし卵のみそ汁
（家庭だし）

家庭だしをとるのは簡単です。水、だし昆布、かつお節を同時に鍋に入れて、中火弱の火で、煮立てるだけでいいんです。

なぜ中火弱か。強火だと昆布がふんわりと大きくならないうちにだしが煮立ってしまい、味がよく出ません。だしが火傷するような感じで、風味も悪くなります。中火以下でやさしく煮出すと、澄んだ琥珀色が出てくる。そうしたら火を止めて、手つきのざるでこす。

澄んだきれいな味わい、少し甘みさえ感じる風味のよさ。家庭だしはオールマイティなだしです。これで作ったみそ汁は、ほんと、幸せの味がするし、煮物は素材の味が引き立つんですよ。自然のだしは、からだにやさしくて、からだをきれいにしてくれると思う。ひと（家族や恋人や友達）を思いやるだしです。

材料　みそ汁4人分
（できあがり＝カップ3½）
だし昆布（8〜10cm角）‥‥1枚
かつお節‥‥12〜15g
水‥‥カップ4

1　家庭だしをとる。だし昆布、かつお節[→a]、水を同時に鍋に入れて、中火以下で煮立てる。
2　気になるあくはすくい、きれいな琥珀色(こ)が出たら火を止める。昆布を取り出し、手つきのざるでだし汁をこす[→b]（ていねいにこすなら、ざるにキッチンペーパーやふきんを敷いて。だしがらは箸などで絞ってもいい）。

a　かつお節は、淡いピンク色をしたものが新鮮で風味よし。だし昆布はよく乾燥し、白い粉をふいたものがよい。

b　手つきのざるでこせば簡単。澄んだ琥珀色の家庭だし。みそ汁にも煮物にも使える万能だし。

みそ汁にも煮物にも使う「家庭だし」を覚えましょう

落とし卵のみそ汁

材料　4人分
家庭だし‥‥カップ3½
卵‥‥4個
玉ねぎ‥‥½個（100g）
油揚げ‥‥½枚
信州みそ‥‥大さじ3弱（50g）

1　玉ねぎは縦に薄切りにする。油揚げは短冊(たんざく)に切る。
2　鍋に家庭だしと油揚げを入れ、中火にかける。玉ねぎを入れて柔らかくなるまで煮、みそを溶き入れる。
3　卵を容器に割り入れて、煮立つ直前の2の鍋にそっと入れる[→c]。弱火に2分ほどかけて（それなりにしっかり煮て、白身に火を通す）、半熟程度に火を通す。くずさないように、そっと椀によそう。

c　卵は1つずつ器に割ってから、鍋に加える。

02　鶏のから揚げ
＋くずし卵のサラダ

まわりがカリッと香ばしく。
中はじゅわっと、うまみの肉汁がほとばしる。
あつあつも、お弁当の冷えたのだって、
「うちのから揚げは最強」と誇れるレシピ。

ゆで卵と、パン粉で作ったクルトンのドレッシングは、
香ばしくてまろやか。くせになるおいしさ。
レタスだけとか、1〜2種類の野菜のシンプルなサラダで
おしゃれな味を楽しもう。

鶏のから揚げ

冷たい油から、揚げてしまっていいんです

おいしいから揚げには、ポイントが3つあります。

その1：下味の段階で、鶏肉に水をもみ込む。揚げるときに、肉から出ていく水分（＝ジューシーさ）を補うためです。

その2：衣は薄力粉＋片栗粉。「水分と混じりやすい」薄力粉と、「水分と混じりにくい」片栗粉。2種類の粉の合わせ技で、カリッと香ばしい衣になります。

その3：冷たい油から揚げ始める。驚かれますが、本当に冷たい油に、鶏肉を入れてしまっていいんですよ。そのまま12分ほど、強火にかけるだけでいい。この揚げ方なら、まわりが焦げて中が生という心配がないし、蒸し揚げ風になるので、肉のうまみが逃げず、ジューシーなから揚げが必ずできます。

材料　4人分
鶏もも肉（骨つき）‥‥2本（700ｇ）
（から揚げにはこれが一番おいしいと思うが、ほかの部位でももちろんいい）
A ┌ しょうゆ‥‥大さじ2
　├ 塩‥‥小さじ1
　├ 酒‥‥大さじ1
　├ おろしにんにく‥‥1かけ分
　└ 水‥‥大さじ4
薄力粉‥‥大さじ4
片栗粉‥‥大さじ6
揚げ油‥‥適量

1　骨つきもも肉は食べやすく切る（あるいは店で切ってもらったり、骨つきもも肉のぶつ切りを使ってもいい）。キッチンペーパーで鶏肉の水けをよくふく。

2　1の鶏肉に、Aのしょうゆ、塩、酒、おろしにんにくをもみ込む。ボウルの底から手を入れて、しっかりともみ込む[→a]。

3　水を少しずつ加えて、大きく大きくもみ込んでいく（指先でこちょこちょともむと、皮と身の間に水が入ったりして油はねの原因になるので、大きくしっかりともみ込む）[→b]。

4　薄力粉と片栗粉を混ぜ合わせ、3に加えて、全体に粉をまぶしつける[→c]。

5　フライパン（直径24〜26cm）に鶏肉がかぶる程度の揚げ油を注ぎ、強火にかける。すぐに4を入れて、そのまま12分ほど揚げる（油の中で肉どうしがくっついても、無理にはがそうとしなくてOK。引き上げるときに自然にはがれる）。鶏肉がカラリとしたら引き上げる[→d]。

a　下味をつける。ボウルの底から手を入れ、ガシッとつかむようにして調味料をもみ込む。

b　水をもみ込む。ガシッとつかむようにして、大きく大きくもみ込んでいく。

c　薄力粉＋片栗粉の衣をふりかけて、全体にまぶしつけ、余分な粉を落として揚げ油に入れる。

d　強めの火で12分ほど揚げれば、まわりがカリッ、中はふっくらと火が通っている。

くずし卵のサラダ

材料　4人分
レタス‥‥1個
〈くずし卵のドレッシング〉
卵‥‥1個
オリーブオイル‥‥大さじ2
薄口しょうゆ‥‥大さじ1
〈味が決まりやすい調味料。ぜひ薄口を使ってほしい〉
〈クルトン〉
オリーブオイル‥‥大さじ1
バター‥‥大さじ1弱（10g）
生パン粉‥‥大さじ5（p.64参照）

サラダの生野菜は、手でさいたり、ちぎったりします。生の葉野菜は金気を嫌うし、包丁で切るよりも切り口の繊維がギザギザになるので、口当たりが楽しく、ドレッシングもからみやすいのです。

くずし卵のドレッシング、これはすごくおいしい。パン粉で作るカリカリのクルトンに、黄身を黄色くゆであげた卵を混ぜて作りますが、ドレッシングが野菜の下にたまらず、食べやすいのも利点。お好みでちょっと酢を加えてもいい。いつもの野菜が、一気におしゃれな味になりますよ。

手でバリバリッとちぎると、お料理に表情が出ます

1　レタスは芯に包丁目を入れて、手でざっくりと半分にさく。ため水につけて洗い、切り口を下にしてふきんの上にのせておき、水けをきる。½個を縦に3等分ほどに手でさく（計6切れの縦長レタスができる。層の間にドレッシングが入り込む切り方）。

2　卵はしっかりかぶる量の水からゆでる。沸騰してから6分30秒（がベストタイム。大きめの卵なら7分。これ以上かたゆでにすると黄身が白くパサつく）ゆでて水にとり、冷めたら殻をむく。

3　ドレッシングのクルトンを作る。フライパンにオリーブオイル、バター、生パン粉を入れて、混ぜながら中火で炒める[→a]。カリッとおいしそうに焼けたら、キッチンペーパーにとって余分な油をきる[→b]。

4　ボウルにゆで卵をきざんで入れ、3のクルトンを加えて混ぜる（半かたゆでにした卵がドレッシングのとろみになる）。オリーブオイル、薄口しょうゆを加えて混ぜる[→c]。

5　1のレタスを皿に盛り、4の〈くずし卵のドレッシング〉をたっぷりかける。

a　小さめのフライパンで生パン粉を炒めて、クルトンを作る。

b　キッチンペーパーで油きりをするうちに余熱が進み、余分な油が落ちて、箸の先で触るとカリカリの状態になる。

c　塩分の強い薄口しょうゆは、ドレッシングの味が決まりやすい調味料。

03

肉じゃが
＋
かぶのあちゃら漬け

ほっくり、なのに煮くずれず。
すっきりと軽やかな味わい。
今、食べたい肉じゃがは「おふくろの味」よりも
「温かいサラダ」の感覚に近い、とびきりおいしい野菜料理。

かぶはごちそう。
日本料理で高級な野菜とされる。
たまには家でもそれらしく。
ていねいに作った、かぶのあちゃら漬けは
姿は白菊、絹の舌触り。まさに小さなごちそう。

肉じゃが

濃い甘辛味の煮物よりも、野菜のうまみを味わう、すっきりとした煮物を食べたい気分です。だから私は肉じゃがを、だし汁も水も使わずに野菜から出る水分で蒸し煮にします。

しっかりとふたができる厚手鍋で。中火以下のやさしい火加減で。約25分、じんわり蒸し煮にすれば、じゃがいもがほっくり煮える。

煮くずれると美しくないし、味もにごるので、途中で1回肉をほぐすだけで、鍋中はかき混ぜません。だから味が濃いところ、薄いところができますが、器に盛るときになんとなく混ざってしまいますし、それに家のおかずは、鍋全体を同じ味にすることもないんと違いますか。食べるたびに少しずつ味が違うほうがうれしいと、私なんかは思うんやけど。

材料　4人分
牛の切り落とし肉‥‥250g
　（おいしい牛肉の切り落としで作れば、やっぱりおいしい）
じゃがいも‥‥3個（500g）
玉ねぎ‥‥大2個（500g）
しらたき‥‥1玉（200g）
青ねぎ（太めのもの）‥‥2本
サラダ油‥‥大さじ2
酒‥‥カップ½
砂糖、しょうゆ‥‥各大さじ5

1　牛肉は食べやすく切る。じゃがいもは皮をむき、大きさによって2～3等分に切って（3等分ならTの字形に切ると大きさが均等になる）、水にさらす。玉ねぎは芯をつけたまま、6～8等分のくし形に切る。しらたきは下ゆでして、食べやすい長さに切る。青ねぎは4～5cm長さに切る。
2　鍋（直径22cmの厚手鍋）にサラダ油を熱し（肉を買うときに牛脂を少しもらって、一緒に炒めるとよりうまい）、分量の牛肉から少量をとって中火で炒める。カリッとするまで炒めて、鍋全体に肉の香ばしいうまみを移す［→a］。
3　水けをきったじゃがいもを入れて炒める。表面に少し透明感が出てくるまで、しっかりと炒める［→b］。
4　玉ねぎ、しらたきを加え、上に残りの牛肉をかぶせる。砂糖、酒を全体に回しかけ［→c］、きっちりふたをして、中火以下で約10分蒸し煮にする。
5　しょうゆを加え［→d］、再びふたをして中火以下の火加減でさらに15分ほど煮る。途中で1度、肉をほぐして、全体に味をいきわたらせる。
6　竹串がスッと通るほどにじゃがいもが柔らかくなったら、青ねぎを加えて火を止める。

ふたをして、やさしい火加減で「蒸し煮」にしましょう

a　まずは少量の牛肉（おいしさのための"犠牲肉"）をよく炒めて、鍋全体にうまみを移す。

b　じゃがいもは少し焼き色がつくまで炒めると、煮くずれず、香ばしいうまみが出る。

c　上に広げた"牛肉のふた"で蒸すようなつもりで。砂糖、酒を加え、ふたをして中火以下の火加減で蒸し煮にする。

d　しょうゆは材料を固くする性質があるので、10分間蒸し煮にしたあとで加える。

厚手鍋は「温度が安定する」のが利点。煮汁や材料が沸騰して充分に温かくなったら、火を弱めて「温かい温度」を保ちながらことこと煮る。そうして「豊かな熱量」で材料に火を通していくのが、おいしい煮物のルール。このとき薄手の鍋だと、一度上がった温度がどんどん下がってしまう。煮豚（→p.24）、カレー（→p.80）などで土井家が愛用するのは、フランスの「ル・クルーゼ」の直径22cm、24cmラウンド型。

かぶのあちゃら漬け

あちゃら漬けとは、酢を使った漬物に唐がらしを加えたもの。語源はポルトガル語で漬物を意味する〝アチャール〟だそうです。

かぶのあちゃら漬けを作るときは、いつもと違う、かぶの上品な顔を引き出してやりましょう。上下、四方をスパッと切り落として、丸いかぶを四角い箱形にするのです。皮の下にある繊維をしっかり取り除き、本当に柔らかい芯の部分だけを、漬物にするわけです。ていねいに包丁を入れると、お料理の仕上がりが見違える。「これがかぶ?」と食べる人も感動しますよ。

切り落とした部分は塩をふってもみ、即席漬けにすればおいしいよねぇ。かぶを2回食べられると思えば、もったいなくないでしょう? ちなみに大根やにんじんをせん切り、拍子木切りなどにするときも、「丸」を「四角」にしてから切ると非常に美しい。試してみてください。

ていねいな包丁で、変身するかぶを楽しみます

材料 4人分
かぶ‥‥5個(500g)
塩‥‥適量
だし昆布(5cm角)‥‥1枚
赤唐がらし‥‥1本
〈合わせ酢〉
酢‥‥カップ1/2
砂糖‥‥大さじ2
塩、薄口しょうゆ‥‥各小さじ1/2

1 かぶは洗って皮を厚くむく。上下、四方をぜいたくに直線に切り落として、四角い箱形にする。
2 1のかぶの厚みの2/3の深さまで、縦横にできるだけ細かい切り目を入れる[→a]。包丁をにぎる手の中指を、かぶの厚みの2/3の長さだけ包丁の下から出して、その指がまな板につくのを目安に切れば、ほぼ同じ深さの切り目を入れることができる。
3 かぶに塩をたっぷりとまぶす[→b]。4～5分おいてかぶが柔らかくなったら、塩けを洗い流す[→c]。切り目と逆の面に十字に包丁目を入れて、指で4等分に割る。
4 昆布はふきんで汚れをふき、はさみで細切りにする。赤唐がらしは種を抜き、小口切りにする。
5 〈合わせ酢〉の材料を混ぜ合わせ、3と4を入れて軽くあえる[→d]。1時間以上つけ込む。

a かぶの厚みの2/3の深さまで、縦に細かい切り目を入れる。かぶの方向を変えて横にも入れ、格子状に切り目を入れる。

b 塩をたっぷりとまぶす。手で軽く押さえて、切り目の中まで。

c 4～5分おいて水分が出たら、塩けを洗い流す。

d 赤唐がらしと、だし昆布入りの〈合わせ酢〉につけ込む。

04

かぶとつくねの含め煮
＋
牛ごぼう

ほろりと、口の中でとろけるつくね。
この柔らかさ、よそでは絶対に味わえないから
「あれ食べたい」と家族のリクエスト多し。
うまみを吸ったかぶ、澄んだつゆもあったかい。

大ぶりに切って、ふっくらと煮えたごぼうの野趣を味わう。
その「意志」が見えるので
土井家の牛ごぼうは、どん、と存在感がある。
白いご飯のおかずに。透明な酒の相手に。
どちらも主役をはれそうな2品を、食卓に並べる楽しみ。

かぶとつくねの含め煮

ほおばると、誰もがうっとりとした顔になる。それほど、柔らかいつくねなんです。昔の日本料理で、うずらのつくねに麩を混ぜたのをヒントに、私は水で柔らかくして、水けを絞った食パンを加える。口の中でとろけるようなつくねの秘密です。

かぶは最初から、つくねはつゆが沸騰してから鍋に入れるルールを、ぜひ覚えてください。これさえ守れば、澄んだきれいなつゆができる。それにうまくできたもので、このルールで、かぶとつくねが煮える時間が、ちょうどおうてますねん。

材料　4人分
かぶ‥‥7〜8個（正味600〜700g）
〈つくね〉
鶏ひき肉‥‥200g
A ┌ 卵‥‥1個
　├ 塩‥‥小さじ1/3
　├ 薄力粉‥‥大さじ1/2
　└ しょうがの絞り汁‥‥大さじ1/2
食パン（6枚切り・目のつんだものがいい）
　‥‥1枚
水‥‥カップ5
だし昆布（8cm角）‥‥1枚
酒‥‥大さじ3
薄口しょうゆ‥‥大さじ3

1　かぶは茎を2cmほど残し、葉を切り落とし、皮を厚めにむく（柔らかく煮るときは、皮の下にある繊維を残さないように厚く皮をむく。この皮は即席漬けにするとおいしい）。水にとり、茎の根元についている土や汚れを、竹串を使ってきれいに洗う。

2　つくね用の食パンは水に浸し[→a]、水けをギュッと絞っておく。

3　鶏ひき肉をボウル（あればすり鉢がベター）に入れ、Aを加えてよく練り混ぜる。2の食パンもちぎって加え、よく混ぜる[→b]。

4　鍋（直径22cmの厚手鍋）に分量の水とだし昆布、1のかぶを入れて強火にかける。煮立ったら、3のつくねをスプーンですくい、形をととのえながら鍋に落とす（最初は形を気にしなくてもよい。ときどき、プロセス写真cのように手で形作ることをやっていれば、いつの間にか必ずできるようになる）[→c]。

5　4が再び煮立ったら、あくを取り、酒と薄口しょうゆで味をととのえる。落としぶたをして中火で20分ほど煮る[→d]。

肉と同量程度の食パンを混ぜる。隠し技なんです

a　食パンを水に浸して柔らかくする。耳つきのままでよい。

b　つくねの生地は手早く、なめらかになるまで練り混ぜる。

c　左手のひらで生地を軽くにぎり、親指と人差し指でキュッと絞り出してスプーンで受ける。できなければスプーンですくい取って、つゆに落としてもいい。

d　味つけをしたら落としぶたをして、中火で20分ほど煮る。

牛ごぼう

ごぼうと牛肉。非常に相性がいいんです。おいしく作るコツは、「ふわっ」と煮ること。

まずは強めの火にかけて、鍋中を沸騰させますね。沸いたらすぐに火を弱めるのではなく、沸騰したまましばらく様子をみて、煮汁がふわふわ〜っと気持ちよく沸いてきたら、そこで火を弱める。つまり弱火にして、「ふわっとして気持ちいい湯加減」を保って煮るわけやね。煮物や家庭だしは、しっかりと沸騰させなきゃダメなんですよ。沸騰させることで、あくがとんで、澄んだ味わいになるんですから。

牛ごぼうは煮つめ方で、おいしさが変化する料理。あつあつを食べるなら、煮汁が1/3量になるぐらいに煮つめて薄味でいただきましょう。お弁当のおかずや常備菜にするなら、煮汁がなくなるまでさらに煮つめて濃い味つけにします。これもみんな、好っきよね。

材料　4人分
ごぼう‥‥1 1/4本（240g）
　（細めなら2本）
牛薄切り肉‥‥300g
しょうが‥‥大3かけ（60g）
家庭だし（→p.9参照。水でもいい）
　‥‥カップ2
砂糖‥‥大さじ4
酒、しょうゆ‥‥各大さじ3
サラダ油‥‥大さじ2

1　ごぼうは皮をたわしで洗うか、包丁の背でこそげ、7〜8mm厚さの斜め切りにする。水に5分ほど放ってあくを抜き、水けをしっかりきる。
2　牛肉は2cm幅に切る。しょうがは皮つきのまま薄切りにする[→a]。
3　鍋（直径20cmの厚手鍋）にサラダ油を熱し、ごぼうを中火で炒める[→b]。油が回ったら、しょうがと牛肉を加え、肉の色が変わり始めたら、だし汁、砂糖、酒、しょうゆを加える[→c]。
4　完全に煮立って、煮汁がふわ〜っと気持ちよく沸き立ったら、火を弱めてあくをすくう。落としぶたをして、煮汁が1/3量になるまで煮つめる。

煮つめ加減で、違う味わいが楽しめます

日本の家庭料理に欠かせないのが、アルミ打ち出しの行平鍋。打ち出しの凸凹と、底の丸みに、ふんわりとやさしく熱を全体に回す秘密あり。だしをとる（→p.9）、つゆを作る（→p.48）、野菜を煮る（→p.49）、魚を煮る（→p.36）など、あらゆる料理で活躍してくれる。厚手のしっかりとしたものを選びたい。ひとつ持つなら直径20cmがおすすめ。

a　大きく切ったごぼう、皮つきのしょうが。土の香りをぞんぶんに味わう料理。

b　ごぼうは油と相性よし。甘みを引き出すつもりで、煮る前に中火でつややかに炒める。

c　ごぼうの柔らかさは、だし汁（あるいは水）の量で調節。柔らかく仕上げるなら、だし汁を増やして、煮る時間も長めにする。

少ない煮汁で野菜や魚を煮るときは、落としぶたが必需品。落としぶたをして中火で煮る＝強火、の意味合いもある。鍋のサイズに合った、できれば通気性のいい木製の落としぶたを、用途別（魚はにおいがつくので専用を持つ）に揃えておくと理想的。

05 煮豚と煮卵 + 水菜のからしあえ

しゃきっとした歯触り。
つんとくるからしの香り。
口の中がさっぱりする青菜の小鉢、
レパートリーに加えてほしい。

箸でつまんだだけで
ほろほろとくずれそうに柔らかい。
肉はもちろん、
よく味のしみた卵をがぶりとかじるのも幸せ。

煮豚と煮卵

まずは豚肉をゆでて、しっかりと火を通すこと。それから味を入れる。これを守らないと、肉がふっくらと柔らかく煮えないし、豚肉の脂で煮汁がにごるのです。煮汁がにごった煮物はおいしくない。

煮物は火加減が命です。みなさんが作る煮豚が固くなるとしたら、それは強い火で急いで作ろうとするから。「沸いたら火を弱める」と、よくレシピに出てきますが、「沸く」とは、湯（あるいは煮汁）の表面ばかりでなく、素材の中までぐつぐつと熱くなっている状態をさします。ですから沸騰したら、しばらくそのまま強火にかけて湯がサーッと気持ちよく、さかんに沸き上がってくるまで待つ。ぽかぽかとして、見るからに「気持ちよさそうな湯加減」を作ってやるんです。それをずっと保つために、火を弱めて落としぶたをするわけやね。

つまり「弱火でことこと煮る」とは、しっかり芯まで温まる、気持ちいいお湯加減、おだやか〜な煮立ち加減で、ゆっくりと煮て（ゆでて）いくこと。だから鍋が大事になる。温度が安定するのは、厚手の鍋ですから。

材料　作りやすい分量

- 豚肩ロースかたまり肉‥‥2本（600g）
- かたゆで卵‥‥6個
- 水‥‥カップ6
- A
  - 長ねぎのぶつ切り‥‥1/2本分
  - しょうがの薄切り（皮つき）‥‥大1かけ分（20g）
  - 八角‥‥2個
- 砂糖‥‥大さじ4
- 老酒（ラオチュー）‥‥カップ1/4
  （日本酒でもいいが、煮豚にはアルコール度の高い酒がうまい。泡盛、焼酎もよし）
- しょうゆ‥‥カップ1/2
- サラダ油‥‥適量

〇好みで練りがらしをつけて食べる。

1　豚肉は冷蔵庫から出して、常温にもどしておく。フライパンを強火にかけてサラダ油を熱し、豚かたまり肉を入れて焼く。余分な脂が出てきたらキッチンペーパーでふき取りながら、全体を香ばしく焼きつけて取り出す[→a]。

2　鍋（直径22cmの厚手鍋）に1の豚肉、分量の水とAを入れて強火にかける。煮立ってきたらあくをていねいにすくいながら、そのまましばらくゆでて（5分くらい）、湯が気持ちよくサーッと沸き立つまで煮立てる（＝鍋の中のほうまで、しっかりと煮立っている状態）。

3　完全に煮立ったら弱めの中火にし、あくをていねいにすくう[→b]。2〜3分たって鍋中の温度が落ち着いたら落としぶたをし、中火弱の火加減で約20分、豚肉が柔らかくなるまでゆでる（中まで火が通ると、肉がちょっと浮き上がってくる）。

4　砂糖、老酒、しょうゆを加え[→c]、殻をむいたゆで卵も加える。再び落としぶたをして、ときどき豚肉を返しながら、煮汁が1/3〜1/4量になるまで、中火弱の火加減でさらに40分ほど煮る。

5　少し粗熱がとれたぐらいで食べるなら、肉質が出るように煮豚をやや厚く斜めに切って器に盛る。完全に冷めてから食べるなら、薄く切って盛りつけるのが美しい。卵を添えてすすめる。

〇残った煮汁は、おからを炊いてもおいしいよね。あるいは、温めて片栗粉で少しとろみをつけて。このソースを皿に敷き、炒めた青梗菜（チンゲンツァイ）をのせて、薄切りにした煮豚をのせれば、中華風の一品のできあがり。

ふわ〜っと気持ちのいい湯加減で煮ましょう

a　すべての表面を焼きつける。こんがりとした肉の焼き色が、香ばしさ、うまみを作る。

b　あくはていねいにすくうこと。煮汁のにごった煮物はおいしくない。

c　肉が芯まで充分に柔らかくなったところで、砂糖やしょうゆを加えるのが鉄則。

水菜のからしあえ

青菜は熱湯に入れて、色よくゆでます。鮮やかな緑色に変わったら、すぐに冷水にとりますが、このとき、野菜の芯のほうまでちゃんと熱をとってから引き上げることが肝心。表面をサッと冷やしただけでは、余熱が進んで野菜が柔らかくなってしまうし、色も悪くなり、風味が落ちるんです。

水菜は火の通りが早いですから、切ってからゆでることでゆで時間を短縮する。これで、しゃきっとした歯ごたえが残ります。

材料　4人分
水菜‥‥1わ（200ｇ）
〈からしじょうゆ〉
練りがらし‥‥大さじ$\frac{1}{2}$
　（粉末の和がらしを湯で溶く）
しょうゆ‥‥大さじ1

1　水菜は盛りつける器に合わせて、長さを3〜4cmに切る。
2　沸騰した湯に塩少々（材料表外）を入れて1をサッとゆで［→a］、すぐに冷水にとり、芯まで熱がとれたら引き上げる。水けをよく絞る［→b］。
3　ボウルに練りがらし、しょうゆを入れて、なめらかになるまで混ぜ合わせる。もう一度水けを絞った2をあえる［→c］。冷蔵庫で冷やしていただく。

野菜の芯まで冷えてから、ざるに上げること

a　沸騰湯に入れて、緑色が鮮やかになれば火が通った証拠。

b　熱がとれたら、両手のひらでギュッと絞って、しっかり水けをきる。

c　もう一度水けを絞ってから、〈からしじょうゆ〉であえる。

和がらし
からし菜の種を粉末にした香辛料。これに湯や水を加えてよく練った練りがらしは、強い辛みが立ち、すっきりとした味わい。市販のチューブ入りのからしは、この練りがらしに砂糖などの調味料を加えて、保存状態を高めたもの。溶きたて、練りたての粉がらしとは風味が異なる。

揮発性の食品なので、口径の小さな筒状の容器（湯飲みなど）で練るのがいい。粉がらしを使う分だけ入れて、熱湯を少量加え、箸4本でガーッと力強く練る。辛みがしっかり立って、本当に涙が出てくるまで練るのがコツ。

06

さんまの塩焼き
＋
豚ばらとにらのみそ汁

じゅ〜っ、こんがりと焼いたさんまの味。
脂ののった身、わたの苦み。
日本に暮らして、今年も秋がめぐってきた喜びを
しみじみと味わおう。

こくのあるみそ汁。からだに元気が湧いてくる。
焼き魚や煮魚だけでは、ちょっと物足りなさを感じる
男のひと、こども、現代のわたしたちに。
満足感のある一椀はありがたい。

さんまの塩焼き

塩は手のひらで、ワンバウンドさせてあてます

魚を焼くときは、必ず塩をあてます。「塩をあてる」というのは、本当に塩をあてるのです。右手で軽くにぎった塩を左手のひらに少量ずつ打ちつけて、下に置いた魚にあてる。手のひらでワンバウンドさせて塩をあてると、魚の表面に、白い塩の粒をうまく散らすことができます。

塩はあまり早くからふると、魚から水分が出て身を固くしてしまいますから、焼く直前がいいです。いわし、ぶりなどの特別に脂がのった魚は塩がなかなかきかないので、焼く30分ほど前に塩を。さんまは、焼く10分ぐらい前に塩をあてます。

9月の初め頃に新さんまが出ると、香ばしく焼いて、大根おろしをたっぷり添えて食べるおいしさに「今日から毎日でもさんまでいい」と毎年のように思う。みなさんも、そうと違いますか？

材料　4人分
さんま‥‥4尾
塩‥‥適量
大根おろし‥‥適量(たっぷりと!)
すだち‥‥2個
しょうゆ‥‥適量

1　さんまはうろこが残っている場合は、軽く包丁をあてて取り除き、大きければ半分に切る。キッチンペーパーでやさしく水けをふく(魚が完全に乾いていないほうがいい)。魚焼き用のグリルを充分に温めておく。
2　さんまに塩をあてる[→a]。
3　さんまは皿に盛るときに上になる側から先に焼く(先に焼く側のほうが、焼きあがりがきれい)。5〜6分焼き、香ばしい焼き色がついたら返して(身がくずれるので、途中で触るのはこの一度だけ)、さらに6〜7分焼く。焦げやすいところはアルミ箔でおおってやり[→b]、全体に香ばしい焼き色をつける。わたの部分がふつふつとして、きちんと沸騰しているのが外からでもわかることが大事[→c]。
4　大根おろし、すだちを添えて皿に盛る。しょうゆを添えてすすめる。

a　全体にまんべんなく塩をあてる。

b　アルミ箔を折りたたんで、焦げやすいところをおおいながら焼く。

c　わたの部分がふつふつとしていれば、しっかり焼けている証拠。

豚ばらとにらのみそ汁

肉の入った汁物は、肉からもだしが出るのでうまみが強く、満足感の高い料理になります。だし汁（あるいは水でもよい）の中に、肉を早くから入れて煮、だしを充分に出してやることが大切です。

あくをていねいにすくって、澄んだ汁を作ったところでみそを溶かしてください。ちなみにみそ汁というのは、味が薄かったからといって、あとでみそを足さないほうがいい。そういう場合は、濃い口しょうゆを一たらしするほうが、おいしくいただけるものです。

味の出る素材は、早くからだし汁に入れる

材料　4人分
豚ばら薄切り肉‥‥120g
にら‥‥1わ
〈家庭だし〉
　水‥‥カップ4
　だし昆布（8〜10cm角）‥‥1枚
　かつお節‥‥12〜15g
○上記からカップ3½を使用。
信州みそ‥‥大さじ3（50g）
おろししょうが‥‥適宜

1　家庭だしをとる。水、だし昆布、かつお節を同時に鍋に入れて、中火以下で煮立てる。気になるあくをすくい、きれいな色が出たら火を止めて、昆布を取り出し、だし汁をこす。
2　豚肉は4cm長さに切る。にらは洗って根元を2〜3cm切り落とし、4cm長さに切る。
3　家庭だしを鍋に入れ、豚肉を加えて[→a]、中火にかける。煮立ったらあくをていねいにすくい、3分ほど煮て肉のだしがよく出たところで、みそを溶き入れる[→b]。
4　にらを加え[→c]、一煮立ちさせたらできあがり（吸い口におろししょうがを添えても美味）。

a　豚肉は早くから加えて充分に火を通し、だし（うまみ）を出す。

b　みそは少量のだし汁で溶きのばしてから、鍋に加える。

c　火の通りが早いにらは最後に加えて、サッと一煮立ちさせる。

07 ぶりの照り焼き
＋
ほうれんそうのごまあえ

ふっくら、本当にふっくらとして、
食欲そそる飴の色。「魚より肉派」のひとも、
こんなにグラマーな照り焼きなら
きっと好きになってくれる。

うまみの濃いほうれんそう。
ひときわ香ばしく、
甘みのきいたあえ衣。
きちんと作ったごまあえは
キリッとしておいしい。

ぶりの照り焼き

フライパンで作ります。最初にぶりの片面をカリッと焼いて、おいしそうな焦げ目をつけて。魚を返したら、すぐにたれを加え、ふたをしてごく弱い火で約8分蒸し焼きにする。

魚もたれもピクとも動かず、「火がついてるの?」とガスの火を確かめてしまうほどの、それほど弱い火加減です。これが重要。なぜなら、強い火だとプレッシャーがかかって、魚の身が縮んで固くなってしまうからです。

約8分煮ると、もう、魚には充分に火が通っていますから、あとは照りをつけるだけ。ここからはスピーディーな仕事です。ふたを取って、フライパンを大きく動かしながら強火にかける。たぷたぷしていたたれが、あれよあれよという間に煮つまっていく。それをスプーンでかけながら煮て、とろりと照りがつけば完成です。家族も驚く、ふっくらとジューシーなぶり照りですよ。

「火がついてるの?」と心配になるほど弱い火です

材料　4人分
ぶり‥‥4切れ(360〜400g)
A ┌ しょうゆ‥‥大さじ3
　├ 砂糖‥‥大さじ2
　├ みりん‥‥大さじ1
　└ 酒‥‥大さじ3
サラダ油‥‥少々
○れんこんの酢漬け(→p.41参照)を添えて。

1　フライパンにサラダ油をひき(フッ素樹脂加工のフライパンでも油をひく。きれいな焼き色をつける、サンオイルみたいな役目)、盛りつけたときに上になるほう(皮が広い面)を下にして、ぶりを並べ入れる。中火で焼く。
2　魚から出る脂をふき取りながら焼き(脂が多いと調味料をはじいてしまう)[→a]、焦げ目がついたら返す[→b]。
3　脂をふき取って、すぐにAのたれを加える(両面ともしっかり焼いてしまうと身が固くなるので、片面だけ焼いて返したところでたれを加える)[→c]。ふたをして、ごく弱い火で約8分蒸し焼きにする。
4　ふたを取って強火にする。フライパンを前後に大きく動かしながら、たれを煮つめる。ときおりスプーンでぶりにたれをかけながら煮つめ[→d]、おいしそうな照りを出す。

a ぶりから出る脂を、こまめにふき取りながら焼く。

b このカリッとした焦げ目に、たれがからんでおいしく仕上がる。

c 片面を焼いて、返したら、すぐにたれを加える。

d 仕上げはスプーンでたれをかけながら、強火で煮つめて照りを出す。

家庭料理でとにかく重宝するのが、ぴっちりとふたのできる(=密閉度が高い)フッ素樹脂加工のフライパン。炒め物にはもちろん、「蒸し焼き」風の調理ができるのが魅力。ハンバーグ(→p.56)も「蒸し焼き」にすると、ふっくらとおいしく作れる。また、フッ素樹脂加工は鉄と違って油くささが鍋に移らないので、青菜をゆでたり(→p.33)、蒸し野菜(→p.77)などにも使える。直径24〜26cmのものが出番多し。

ほうれんそうのごまあえ

青菜はフライパンでゆでてよし。早くてうまいです

材料　4人分
ほうれんそう‥‥小1わ（200g）
〈ごまじょうゆ〉
いり白ごま‥‥大さじ1
　（洗いごまを自分でいると風味が違う）
砂糖‥‥小さじ1/2
しょうゆ‥‥小さじ1

私は青菜をフライパンでゆでます。直径24〜26cmのフライパンで、青菜300g（小松菜1わ程度）までいけますよ。フライパンで少量の水で蒸しゆでにすると、栄養価も損なわれにくいし、野菜の味が濃くなっておいしいんです。お湯を沸かす時間も省けて、料理がスピーディーになる。

①まず、フライパンにカップ1/2の水を沸かす。②青菜を投入。量が多いときは、葉の部分と軸の部分を半量ずつ交互にフライパンに入れる。③ふたをして強火にかける。1分ほどたつと、ふたの隙間からフッフッと蒸気がもれてくる。④ふたを開けて青菜を返し、再びふたをして1分ゆでる。これで完了。簡単でしょう？

ごまあえはぜひ、自分でいったごまで作ってみてください。おいしさが全然違う。うっとりとするような、香りのよさ、うまみの深さなんですから。ごまは時間があるときに1袋分をいって、瓶に入れて保存しておけばいい。ぜひ、おやりください。

1　ほうれんそうは根を切り落とし、根元に十字に切り目を入れる。ため水でよく洗い、水けをざっときる（水けはあまりきりすぎないほうがいい。野菜に残っている水が水蒸気になって、熱が回りやすくなるので）。

2　フライパンにカップ1/2の水を沸かして、ほうれんそうを投入［→a］。ふたをして強火に1分ほどかけ、ふたの隙間から蒸気が出てきたら、ほうれんそうを返して再びふたをし、さらに30秒〜1分ゆでる。

3　冷水にとってよくさらし、芯のほうまでちゃんと熱がとれたら引き上げる［→b］。根元を集めて揃え、根元から葉先に向けて水けをしっかり絞る（巻き簀を使って絞ると、力を入れずにさらにしっかり絞れる）［→c］。食べやすい長さに切る。

4　いり白ごまを粗くすり、砂糖としょうゆを加えて〈ごまじょうゆ〉を作る。

5　食べる直前にもう一度、ほうれんそうの水けを絞って、4であえる。

洗いごま
生のごまを洗って、泥や汚れを落としたもの。スーパーでも売られている。市販のいりごまは、洗いごまをあらかじめいってあるもの。便利だが、油分を多く含むごまは、酸化による風味の衰えが早い。洗いごまを買ってきて、自分でいって保存するのが断然おいしい。

a 　少量の湯で蒸しゆでにするから、ほうれんそうがおいしい。

b　長めに水にさらしてシュウ酸を取り除き、色を鮮やかにする。

c　しっかりと水けを絞るのは、おいしいあえ物の掟。

鍋に洗いごまを入れて、中火弱でからいりする。「鍋を向こう側に30度ほど傾けて、手前に引く」を小きざみに繰り返す。10〜15分いって、火がまんべんなく通り、ごまがふっくらとしてくればOK。鍋がうまくふれなければ、木べらで混ぜながら弱火で気長にいる（そして鍋ふりをときどきやっていれば、自然にできるようになる）。しっかりいったごまは、つまんでグッとひねり、香りをかぐと、すばらしくいい香りがする。洗いごま1袋を一度にいって、密閉容器で保存するのがおすすめ。

08

金目の煮つけ
＋
ほうれんそうの白あえ

箸を入れると、中は白くほっこりとした魚の身。
少し甘めの、あっさりとした煮汁をつけていただく。
後味のよさ。口にもからだにも重さが残らない。
日本のおかずはつくづくやさしい。

甘くない白あえ。塩で味をつける。
さわやかな味わいで、しかも、
くずし豆腐がたっぷりの
とびきりヘルシーな料理。

金目の煮つけ

強火で一気に煮る。
中が白くていいんですよ

　ふわ～っと沸いた煮汁の中で、魚を強火で一気に煮る。それが煮つけという料理です。濃いめの調味料を煮立てたところへ入れるから、魚の表面に膜ができて、魚のうまみが逃げない。できあがりに箸を入れると、中は白いんですよ。魚の中には味がしみていない。それを煮汁につけて食べるから、「煮つけ」というらしい。

　煮汁が多いと身がくずれやすく、うまみも抜けやすいので少ない汁で煮たいんです。少ない煮汁を全体に回すためには、落としぶたが必須です。落としぶたをして中火で煮る＝強火、なので、「魚を強火で一気に煮る」の煮つけのセオリーが成立するわけよね。

　新鮮な魚を、手間ひまかけずにおいしく食べる。海にかこまれた日本ならではの、潔い料理です。

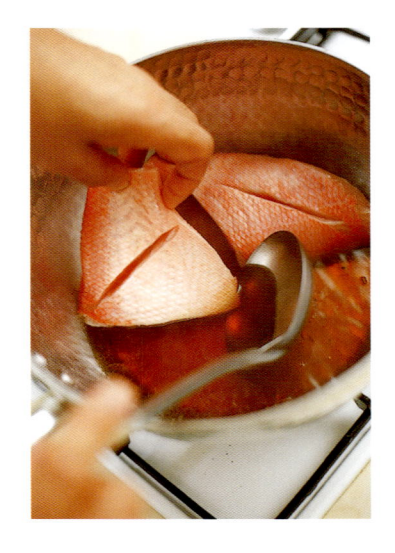

材料　4人分
金目だい‥‥4切れ（400g）
わかめ（もどした状態で）‥‥80g
しょうが‥‥2かけ（30g）
〈煮汁〉
水‥‥カップ2/3
酒‥‥カップ1/3
砂糖‥‥大さじ4
みりん‥‥大さじ2
しょうゆ‥‥大さじ3

1　金目だいは皮目に一文字に切り目を入れる[→a]。わかめは水につけてもどし、食べやすい大きさに切る。しょうがはよく洗い、皮つきのまま薄切りにする。
2　鍋（直径22〜24cmの厚手鍋）に〈煮汁〉の材料を入れて、強火にかける。ふつふつと沸いてきたら魚を入れ、しょうがを散らして、魚に煮汁を回しかけて表面に火を通す[→b]。
3　水でぬらした落としぶた（なければ厚手のキッチンペーパーをのせる）をして、途中で何度か煮汁を魚にすくいかけながら、中火で10〜12分煮る[→c]。
4　煮上がる直前にわかめを入れ[→d]、一煮立ちさせて火を止める。器に金目だいを盛り、わかめをあしらい、煮汁をかける。

a　まっすぐ一文字に切り目を入れる。中骨にあたる寸前までの、わりと深めの切り目。

b　温かい煮汁を回しかけて、金目だいの表面に膜を作り、うまみを封じ込める。

c　落としぶたをして中火で煮る。木の落としぶたはにおいが移るので、煮魚をよく作る家庭は、「魚」と書いた専用の落としぶたを用意しておくといい。

d　わかめはサッと煮て食べるのがおいしい。

ほうれんそうの白あえ

白あえは砂糖を入れずに、塩で味つけすると、とても軽やかな今っぽい料理になると思う。私自身も、そのほうが好きですねん。

おいしく作るには、豆腐と野菜の水けをしっかりきること。

豆腐は木綿豆腐を使います。厚手のキッチンペーパーを2枚使って、豆腐をきっちり包む。これは形くずれを防ぐためでもあります。まな板か皿にペーパーで包んだ豆腐をのせ、上に皿2〜3枚をのせて重石とし、しばらくおいて水けをきります。まな板や下の皿に、菜箸などをはさんで斜めにしておくと水がきれやすくなりますね。

豆腐の水きりは、重い重石をしたからといって、早く水けがきれるわけではありません。だんだんに重石がきいて、豆腐の中の水分がしみ出てくるのですから、ある程度の時間（15〜30分）をかけることが大切です。

重石を重くすれば、早く水がきれるわけじゃない

材料　4人分
ほうれんそう‥‥1わ（300g）
　（春菊で作るのもおいしい）
〈あえ衣〉
木綿豆腐‥‥1丁（300g）
塩‥‥小さじ2/3
信州みそ‥‥大さじ1/2（10g）
練り白ごま‥‥大さじ1
　（塩だけでもいいが、みそや練りごまを加えると、うまみの強いあえ衣ができる。白あえが満足感のあるおかずになる）

1　豆腐は厚手のキッチンペーパー（不織布タイプ）でしっかり包み、重石をして30分ほど水きりしておく。
2　ほうれんそうは色よくゆで（→p.33参照）、水にさらして熱をとり、水けをしっかりと絞る。根元を集めて揃え、器に合わせて食べやすい長さに切る。
3　1の豆腐をボウルに入れて泡立て器でくずし［→a］、塩、みそ、練りごまを加えてよく混ぜ合わせる。
4　食べる直前に、3の〈あえ衣〉でほうれんそうをあえる［→b］。

○白あえを早めに作りおくときは、豆腐の水きりをしっかりと行い、固めの〈あえ衣〉を作る。すぐに食べるときは水きりの時間を短めにして、豆腐に少し水けを残した状態で〈あえ衣〉を作ると、あっさりとした味わいを楽しめる。

a　水けをきった豆腐を泡立て器でくずす。調味料を混ぜるのにも泡立て器が便利。

b　食べる直前にあえるのが、ベストのおいしさ。

09

かやくご飯
＋
鮭のつけ焼き

何が入っているのか、見た目ではわからない。
それほど細かく切った数種類の具が、ご飯と混じり合って
口に入れると、たちまちうまさがふくらんでいく。
思わず顔がほころぶ、一膳のごちそう。

さっぱりとした魚の料理。
食べ頃を問わないので、お弁当のおかずにもよし。
かやくご飯で有名な大阪の老舗では、
魚のつけ焼きとのセットがお決まりメニュー。
それを家で楽しむのも、粋なものだ。

かやくご飯

「かやくご飯」ていうのは、いろんな具を混ぜて炊く味つきご飯のこと。関東では「五目ご飯」ていうんですか？ 「五目ご飯」はどんなかわかりませんが、「かやくご飯」は具を細かく細か〜く切るんです。そやね、「米粒の大きさ」に揃えるぐらいのつもりで。それが、たとえば鶏肉だけでも大きかったりすると、「かやくご飯」でなしに「鶏ご飯」って言われちゃったりして、ショック〜、です。

いろんな具の味がご飯と混じり合って、えも言われぬおいしさが生まれるんですよ。きちっと作ったものは、やっぱりおいしい。一度、「米粒大」を体験すれば、その大事さがわかります。「こんなに細かいの、切るのが大変だったね」って言われて、「愛情よ」と返せるしね。ぜひ、作ってみてください。

目指すは「米粒大」の具。
細かいほうが風味よし

材料 4人分
米‥‥カップ2（200mlカップを使用）
鶏もも肉‥‥100g
A ┌ しょうゆ‥‥大さじ3
　├ みりん‥‥大さじ1
　└ 塩‥‥小さじ1/3
油揚げ‥‥1枚
こんにゃく‥‥1/2枚（100g）
ごぼう‥‥1/5本（30g）
干ししいたけ‥‥3個
家庭だし‥‥カップ2・1/4
（→p.9参照）

1　干ししいたけは洗い、水に1時間以上つけてもどす。
2　米は洗ってざるに上げ、30分ほどおく。
3　鶏肉は5mm角以下に切って、Aに10分ほどつけておく[→a]。
4　油揚げは厚みを半分に切って、細切りにしてから、みじん切りにする。こんにゃくは細かく切って下ゆでし、水けをしっかりきる。
5　ごぼうは皮をたわしで洗うか、包丁の背でこそげる。薄いささがきにしてから細かく切り、水に放ってあくを抜き、水けをしっかりきっておく。1の干ししいたけは、水けを軽く絞り、軸を取り除いて薄切り（どんこなどの厚みのあるしいたけなら、薄いそぎ切り）にし、さらに細かく切る。
6　2の米、3の鶏肉をつけ汁ごと、4と5の具を炊飯器に入れる。家庭だしを加え[→b]、炊飯器で普通に炊きあげる。充分蒸らしてから、底からふんわりと混ぜ合わせる。
○焼きのりをふってもおいしい。

a 鶏肉は下味をつける。この下味が、ご飯の調味料となる。

b 材料をすべて入れて、家庭だしを加え、炊飯器で普通に炊きあげる。

鮭のつけ焼き

焼きたてもおいしいですが、つけ焼きのいいところは、なにしろ日持ちがすること。冷蔵庫に入れておけば、4〜5日はおいしく食べられるのです。お弁当や重詰めの一品にするのに、まさに最適。夕飯のために、生鮭やさわらなどの切り身魚を買ったのに「外で飲むから夕食はいらない」とお父さんが電話をかけてきた。そんなときは、魚をつけ汁につけておけば、翌日のこどものお弁当のおかずになる、というわけです。

しょうゆ、酒が同量の1：1。これがすべての魚に合う、基本のつけ汁。好みで、みりんや砂糖を加えてもいいし、ゆずなどの柑橘類を一緒につけ込むことで、季節感をあらわすこともできますね。

材料　4人分
生鮭‥‥4切れ（400g）
〈つけ汁〉
しょうゆ‥‥カップ1/2
酒‥‥カップ1/2

1　生鮭はキッチンペーパーで水けをふき取り［→a］、しょうゆと酒が同量の〈つけ汁〉［→b］に1時間以上つけ込む。途中で2〜3度返す。
2　鮭の汁をきって、よく熱したグリルで焼く。皿に盛るときに上になるほう（皮が広い面）から先に4〜5分焼き、香ばしい焼き色がついたら返して4〜5分焼く（しょうゆが入っている分、焦げやすい。焦げやすいところを、アルミ箔でおおいながら焼くといい）。

つけ汁につけて1日、焼けば4〜5日持つ料理

a　魚は切り身も一尾ものも、調理前にキッチンペーパーで水けをふき取る。これをするだけで生ぐささが取れるので、ぜひ習慣づけたい。

b　基本の〈つけ汁〉は、しょうゆと酒が同量。

裏面に返す必要のない天火だけのグリルの場合は、写真のように右端をくるりと丸めて焼くと、焼きあがりの姿が美しい。

○つけ合わせ　みょうがの酢漬け

それだけでは絵になりにくい焼き魚も、皿の上に何か1品添えることで見違えるほど華やかになります。大根おろし、柑橘類もいいですし、みょうが、れんこん、しょうがなどの酢漬けもよく合います。保存がききますから、冷蔵庫に常備しておきましょう。

材料　作りやすい分量
みょうが‥‥4個
〈三杯酢〉
酢‥‥カップ1/2
砂糖‥‥大さじ1 1/2
塩、薄口しょうゆ‥‥各小さじ1/2

1　〈三杯酢〉の材料をよく混ぜ合わせておく。
2　みょうがをサッとゆで、1の〈三杯酢〉にすぐにつける（たちまち美しい紅色に変色するからうれしい）。
○薄切りにしたれんこん、しょうがなども同様に作る。

10 親子丼 ＋ わかめのみそ汁

からく(しょっぱく)なく、薄くもなく。
だしが重すぎず、さらりとした飲み口。
毎日のみそ汁は、がんばりすぎない味がいい。
普通でいて、しみじみとおいしい一杯を作りたい。

とろとろ卵の親子丼。
家族も自分も好きだから
上手に作れたら、一番うれしい料理。
上手に作れたら、一生作り続ける料理。

親子丼

親子丼はとろりとした半熟卵が命。みなさんがつまずくのも、ここでしょう？

まず火加減ですが、具がすっかり煮えている状態では鍋（フライパン）の中は、ほかほかに温かくなっているはず。この状態を保つ、中火弱～中火の火加減で卵をとじます。

では、いきますよ。鍋の中をじーっとよく見てください。一つの鍋中でも温度差がありますから、ひときわグツグツと煮立っているところがあるんです。そこをめがけて、溶き卵を菜箸にツツーッとつたわせて、たらす。キュッと止める。また鍋中をにらんで、グツグツと煮立っている違う場所に菜箸でツツーッ、キュッ。つまり、煮立っているところをめがけて、溶き卵を2～3回に分けて糸状にたらしてやるのです。そうしたら、すぐにふたをする。一呼吸おいてから火を止める。余熱で半熟にする。これでできあがり。とろりと柔らかく、黄色もきれいな親子丼です。

材料　4人分
鶏もも肉‥‥200g
玉ねぎ‥‥大1/2個（150g）
生しいたけ‥‥1/2パック（50g）
ご飯‥‥4杯分
溶き卵‥‥4個分
〈どんぶりだし〉
しょうゆ、みりん‥‥各カップ1/4
水‥‥カップ1・1/4
だし昆布（5cm角）‥‥1枚
かつお節‥‥一つかみ（7g）

1　〈どんぶりだし〉を作る。材料を鍋に入れて中火にかけ、一煮立ちさせてこす。

2　鶏肉は水けをふいて、2cm角に切る。玉ねぎは1cm厚さの半月切りに。しいたけは軸を取り除き、5mm幅に切る。

3　小さなフライパン（直径16～18cm。あるいはどんぶり鍋）に、1の〈どんぶりだし〉、2の具の1/4量を入れて煮始める（鶏肉も最初から煮ると、よくだしが出ておいしい）[→a]。箸で混ぜながら強めの中火で煮て、煮立ったらあくを取り、中火弱～中火で1～2分煮る。

4　溶き卵の1/4量を用意する。具に完全に火が通って、鍋がほどよく熱くなっている状態へ卵を加えていく（弱火のぬるい状態で入れれば、卵と水分が混じって、つゆがにごってしまう）。鍋の中をじっと見て、グツグツと煮立っているところに、菜箸につたわせて溶き卵の約1/3量を流し入れる。ほかの煮立っている場所にも、同様に溶き卵を流し入れる。

5　すぐにふたをして[→b]、一呼吸おいて火を止める。少し蒸らし、余熱で半熟に仕上げる。

6　器に盛ったご飯に5をのせる[→c]。残りも同様に作る。

○4人分をまとめて、直径24cm程度のフライパンで一度に作ってもいい。

"煮立ったところをめがけて"が卵とじの極意

a　すべての具と〈どんぶりだし〉を、同時に鍋に入れて煮ていい。

b　卵を加えたら、ふたをして一呼吸おき、火を止める。あとは好みの固さに火を入れて、できあがりとすればいい。

c　ご飯の上にのせる。流れない程度の半熟に仕上げるには、中火弱～中火でやさしく火を通すことが大事。

わかめのみそ汁

かつお節をたくさん入れた、濃いだしのほうがおいしい——。そう思っているとしたら、大間違いです。料理屋でかつお節を贅沢に使うのは、ほんの一瞬だけ火を通して、かつお節のうまみの一部分を抽出するため。これは「一番だし」といって、すまし汁のだしです。煮物には向かないし、"一瞬のおいしさ"を追求しただしなので、鮮度が落ちやすく、毎日の食事向きではありません。

家庭では、みそ汁にも煮物にも使える「家庭だし」(→p.9参照)を使います。これも、ぐらぐらと長時間煮出して、濃いだしをひこうとする必要はない。それをすれば味がにごりますし、みそ汁のだしは、むしろ薄いほうがおいしいのです。みそと喧嘩しないですから。

みそ汁の主役は「みそ」なんです。だしは、みそをちょっと支えてやる程度の立場でいい。すっきりとした飲み口で、からだがしゃんとする。後味がさわやかで、飽きがこない。そんな「毎日のおいしいみそ汁」の秘密は、ここにあります。

みそ汁の主役はみそ。だしは薄めでいいのです

材料　4人分
わかめ(塩蔵をもどした状態で)
　‥‥60g
〈家庭だし〉
　水‥‥カップ4
　だし昆布(8～10cm角)‥‥1枚
　かつお節‥‥12～15g
○上記からカップ3½を使用。
信州みそ‥‥大さじ3強(60g)
青ねぎ‥‥適量

1　家庭だしをとる。水、だし昆布、かつお節を同時に鍋に入れて、中火以下で煮立てる。気になるあくをすくい、きれいな色が出たら火を止めて、昆布を取り出し、だし汁をこす。
2　わかめは水につけて(塩蔵わかめの塩が強いときは、水を2度ぐらい取り替えて)、柔らかくもどす。きれいに折りたたんで形をととのえ、固い部分を切って幅を短くし[→a]、食べやすい長さに切る。青ねぎは小口切りにする。
3　鍋にだし汁を入れ、中火にかけて温める。みそを鍋のだし汁少々で溶いて加え、わかめを加える[→b]。ぐらっと煮立ちかけたところを椀によそい、青ねぎを散らす。
○みそは煮立てると風味が落ちる。お父さんがあとで食べるときなどは、みそをだし汁に溶いた段階で、煮立てずに火を止める。この状態で取り分けておき、食べるときにもう一度温めて、わかめを入れるのがよい。
○みそ汁の味が薄いときは、あとからみそを加えるよりも、しょうゆを一たらしするほうがおいしい。

a　もどしたわかめは、きちんと形をととのえてから切る。

b　わかめは熱が入るとすぐに変色するので、ほんの一呼吸煮て椀によそう。

みそについて
「毎日のおいしいみそ汁」には、みそ選びも重要です。時間をじっくりかけて醸し出された、長期熟成のものがいい。こうしたみそは、食べてすぐにおいしさを感じるものではなく、みそ汁にして、初めてうまみがわかるのです。いいみそはよく発酵しているので、みそ溶けがいいのも特徴。ちなみに私が使うのは、淡色でほんの少し酸味のある信州みそです。

11 冷やしそうめん + かぼちゃの直がつお煮

だしいらずの簡単な煮物。
ひんやり冷えた、甘いのがうれしい。
冷蔵庫から出してきて、食卓に出す。
わが家の夏の風景。

湯がきたてのそうめん、コシが違う!
作りたて、冷やしたてのめんつゆ、香りが違う!
作りたてはやっぱり、なんといっても格別。
夏は毎日そうめんでいい、と思うほど。

冷やしそうめん

めんつゆは簡単。
材料、全部一緒に煮ていいんです

めんつゆは簡単です。水、だし昆布、かつお節、しょうゆ、みりん、すべて一緒に鍋に入れて、煮立てるだけでいい。水(だし汁)4:しょうゆ1:みりん1の割合です。ねぇ、簡単でしょう? 簡単なのに、これがすばらしくおいしいんですから、自分で作らない手はないです。

以前、テレビ番組の収録のときに、若いスタッフにものすごい人気だったのが、冷やしそうめんでしたわ。コンビニのそうめんや、市販のめんつゆしか知らなくて、湯がきたてのそうめん、作りたてのめんつゆを初めて食べたと。これほどうまいものだとは知らなかった、言うてました。ぜひ家族に作ってあげてください。

材料　4人分
そうめん‥‥8束(400g)
しょうが‥‥2かけ(30g)
青ねぎ、みょうが、七味唐がらし
　‥‥各適量
〈めんつゆ〉
しょうゆ、みりん‥‥各カップ½
水‥‥カップ2
だし昆布(10cm角)‥‥1枚
かつお節‥‥10g

1　鍋に〈めんつゆ〉の材料をすべて入れ、中火弱でゆっくりと煮立てる。煮立ったらあくと泡をすくい、火を止めて、ふきんでこしてボウルに入れる。
2　1の〈めんつゆ〉を氷水にあてて、ボウルをシュッと回転させながら冷やす(あるいはお玉でかき混ぜながら冷やす。こうして熱いのを急速に冷やすと、冷蔵庫で冷やすのと風味が全然違う)[→a]。
3　薬味を用意する。青ねぎは小口切りにする。みょうがは縦半分に切り、小口からきざんで水にさらし、水けをきる。しょうがは皮をむいて、すりおろす。
4　そうめんをゆでる。たっぷりの熱湯に一度に入れ、煮立ったら差し水(カップ½くらい)をして煮立ちをおさえ、再び煮立ったらざるに上げる。
5　4に流水をたっぷりかけて粗熱をとる。次に流水(写真ではわかりやすく、ため水ですすいでいるが、流水が正解)で、充分にもみ洗いする(キュッ、キュッとめんがしまっていくのが、指先でわかるぐらいに)[→b]。表面のぬめりを取り、そうめんをしめてコシを出す。
6　器にそうめんを盛り(指にひっかけるようにしてそうめんを取り、器にそのままのせると、きれいに揃っておいしそう)、氷水をはる。冷たい〈めんつゆ〉、3の薬味、七味唐がらしを添える。

a　〈めんつゆ〉は回転させながら、氷水にあてて冷やす。

b　めんは流水でしめる。キュッ、キュッと、本当に「洗う」感覚で。

かぼちゃの直がつお煮

だしをとらず、かつお節を直に加えて煮るから「直がつお煮」。昔からある、手軽な家庭の煮物です。

作りたての温かいのも、冷えたのもどちらもおいしい。で、これはぜひ、かつお節ごと食卓に出してください。「このかつおがおいしいねん」って、お父さん、きっと喜びますよ。かつお節が料理を汚しているから、お客さんには出されへん料理ですけど、そうした繊細な美意識を持っていると同時に、直がつお煮の雑味のあるうまさも知っている。日本人は実に豊かな、舌と感性を持っているんです。

だしいらずの煮物です。
気どらないおかずやね

材料　4人分
かぼちゃ‥‥1/2個（600g）
かつお節‥‥一つかみ（20g）
水‥‥約カップ3 1/2
　（かぼちゃがかぶるぐらい）
砂糖‥‥大さじ3
みりん‥‥大さじ1
しょうゆ‥‥大さじ3

1　かぼちゃはスプーンで種を取り除いて、5〜6cm角に切り、ところどころ皮をむく。
2　鍋（直径22cmの厚手鍋）に1を入れ、かぶるぐらいの水を注ぎ、かつお節を加える。強火にかけて、煮立ったらあくを取り、砂糖、みりんを加える［→a］。
3　落としぶた（厚手のキッチンペーパーで代用も可）をして、かぼちゃが柔らかくなるまで強火で煮る（目安は5〜6分。強火で煮ると煮汁がにごらない）［→b］。
4　かぼちゃに竹串が通ったら、しょうゆを回し入れる［→c］。火を弱めて、煮汁が1/2量になるまで、さらに4〜5分煮る。
○煮汁と一緒に食べるのがおいしい。
○たけのこ、れんこん、里芋で作るのもおすすめ。直がつお煮は、季節の野菜を手軽に味わえる家庭の煮物。

a　煮立ったところで、砂糖、みりんを加える。

b　甘みのある調味料を加えたら、落としぶたをして強火で5〜6分煮る。

c　かぼちゃが完全に柔らかくなったところで、しょうゆを加える。

12

きざみうどん
＋
卵焼き

澄んだ薄茶色のつゆの、なんともいい香り。
塩分ほどよく、ほんのり甘く、
削り節のわずかな酸味が、のどをすっきり通っていく。
うどんはやっぱり関西。そう、断言したくなるうまさ。

だし巻きのふっくらも好きだけれど。
しょうゆと砂糖のきいた
関東風の卵焼きも、
むしょうに食べたくなる味。

きざみうどん

材料　4人分
- ゆでうどん‥‥4玉（冷凍品でもいい）
- 油揚げ‥‥2枚（きざんだ油揚げを入れるから「きざみうどん」）
- おぼろ昆布‥‥適量（関西ではおなじみのトッピング）
- 青ねぎ（細切り）‥‥適量
- 七味唐がらし‥‥適宜

〈めんつゆ（かけ）〉
- 水‥‥カップ7½
- 薄口しょうゆ‥‥大さじ6
- みりん‥‥大さじ3
- だし昆布（10cm角）‥‥1枚
- かつお節、さば節‥‥各25g

1　〈めんつゆ〉の材料をすべて鍋に入れ、中火にかける。煮立ったらあくと泡をすくい、弱めの中火で5～6分じっくりと煮て、だし汁を布でこす[→a]。
2　1のめんつゆを鍋に入れ、短冊に切った油揚げを一煮する[→b]。
3　ゆでうどんは熱湯に入れてほぐしながら温め[→c]、ざるに上げて水けをよくきり、温めたどんぶりに入れる。
4　3に2のめんつゆをたっぷりと注ぎ[→d]、おぼろ昆布、青ねぎをのせる。好みで七味唐がらしをふっていただく。

　おいしいうどんのつゆは、何が違うのか。「豊かな火加減」が決め手だと、私は思います。

　水、だし昆布、削り節、薄口しょうゆ、みりんを一緒に鍋に入れて、中火で煮る。沸いたら弱めの中火にして5～6分煮出し、だしが濃いめのつゆに仕立てる。煮立てるときも、煮出すときも、決して強火にはしないこと。強火だと「こげ臭」が出ますし、強い火で急いで熱を入れようとすれば、もの（＝削り節などの材料）を傷つけてしまう。つゆは熱くなっても、火傷のような状態でキンとした、とがった味になってしまうんです。一方、中火以下でじっくりと温めれば鍋全体がじんわりじんわりと熱くなっていきますから、結果的に大きな熱量でつゆを煮出すことができる。それがつまり、まるみのある「いい味」を作る「豊かな火加減」なのです。

　できたてのつゆが、おいしさのピーク。ぜひ体験して、感激して、この味を大切に守ってください。

香りのいいうどんつゆを、自分で作れるのはうれしいよね

めんつゆの削り節は、かつお節（上）と、さば節（下）を合わせたい。強い味わいのさば節が、うどんによく合う。

a　つゆは澄んでいるのが身上。布（さらしなど）でこして、削り節のかすが入らないようにしたい。

b　油揚げを先に煮ると、つゆにこくとうまみが加わる。

c　うどんは芯までしっかり温める。

d　湯をはるなどして器を温めておき、あつあつのうどんを入れて、あつあつのつゆをかける。

卵焼き

手首をクイッと返して、卵を巻いていく

あわてずに、ゆっくり焼くことです。まずは卵焼き鍋を、熱すぎず、ぬるすぎない「適温」に温めることが大事。油をしっかりひいて、卵液を少量流したとき鍋が「適温」であれば、ジャーッと、とてもいい音がします。

卵を巻くには、ちょっとしたコツがあるんです。巻いた卵を箸で少し持ち上げて、鍋を向こう側が低くなるように45度の角度に傾ける。次に鍋を持つ手首をクイッと手前に返して、手前側を低くする。このときの鍋の傾斜の力を借りて、卵を手前にくるりと巻けばいいのです。こうすると鍋が火から離れていますから、卵に火が通りすぎる心配もありません。四角い卵焼き鍋と、形をととのえる巻き簀があれば、うっとりするほど美しい卵焼きが、誰にでも作れますよ。

材料　4人分
卵‥‥6個
砂糖‥‥大さじ4（砂糖をきかせたほうがおいしい）
しょうゆ‥‥大さじ1
サラダ油‥‥適量

1　卵を溶きほぐし、砂糖としょうゆを加えて充分に混ぜ合わせておく。
2　卵焼き鍋を熱して、油をひいてなじませる（油はガーゼに含ませると、均一にきれいにひける）。鍋が熱すぎてもぬるすぎても卵がくっつくので、適温に温めることが大事。菜箸の先の卵液が、「チッ」とはじけるのは熱すぎる証拠（その場合はぬれぶきんの上などに置いて少し冷ます）。「ジュワ～」とふくらむ程度の温度がいい[→a]。
3　1の卵液をお玉1杯ほど流し入れ、中火で焼く。表面がプクプクとふくらんできたら、菜箸でつついて空気を抜き、半熟程度に火が通ったところで、向こう側から手前に返して巻き込む[→b]。
4　鍋の向こう側に油をひいてから、3の巻き込んだ卵を向こう側に動かして、鍋の手前にも油を薄くひく。
5　再び卵液を流し入れ、巻いた卵の下にも菜箸を差し込んで卵液を流す[→c]。
6　3～5を数回繰り返して、卵を焼き重ねていく。
7　全量を焼いたら、熱いうちに巻き簀の上にのせてくるみ、しばらくそのままおく[→d]。粗熱がとれたら[→e]、食べやすい大きさに切る。

a　卵液が「ジュワ～」とふくらむ程度の温度で焼いていく。

b　半熟に火が通ったら、「奥から手前へ巻く」の動作を繰り返す。

c　鍋を傾けて、巻き込んだ卵の下にも卵液を流すこと。

d　熱いうちに巻き簀にくるみ、上から軽く押さえておくと自然に形がととのう。

e　粗熱がとれた頃には、ごらんのように四角いきれいな卵焼きに。

13

ハンバーグ
＋
じゃがいもと玉ねぎのサラダ

レモンの酸味ですっきり食べる。
いつも台所に転がっている野菜で
こんなにおしゃれな白いサラダができる
魔法をひとつ、覚えよう。

ふっくら！　まんまる！　大きっ！
「わあ！」と歓声が上がる、自慢のハンバーグ。
中はふるふると柔らかい、とびっきりのハンバーグ。
喜ばせたい一心で作る、幸せハンバーグ。

ハンバーグ

うちのハンバーグがおいしい理由？きっと、たねの配合ではないかと思う。とても、柔らかいたねです。手で持てないほどに。だから、まとめるときは手に油をたっぷりつける。まとめたたねは、油をひいた皿の上にのせて、皿からスーッとすべらせて、フライパンに入れるんです。

柔らかいたねは、柔らかく焼きあげることも大切。片面をこんがりと焼きつけて裏返したら、ふたをして弱火で蒸し焼きにして、中まで火を通します。これで、肉のうまみを閉じ込めて、ふんわりと焼くことができる。

レストランで修業をした時代から、まかないなどでハンバーグを作って、私も山ほど失敗してきました。その経験があって、完成したレシピです。おいしくてあたりまえ、だよね。

手にも皿にも油を塗って、たねをすべらせるんです

材料　4人分
- 合いびき肉‥‥500g
- 玉ねぎ‥‥大1個（300g）（中サイズなら1½個）
- ┌食パン（6枚切り）‥‥1枚
- └牛乳‥‥カップ½
- 溶き卵‥‥1個分
- 塩‥‥小さじ1
- こしょう、ナツメグ‥‥各少々
- サラダ油‥‥適量

〈ソース〉
- トマトケチャップ‥‥カップ⅔（150g）
- ウスターソース、赤ワイン‥‥各大さじ2
- 練りがらし‥‥大さじ1（練りがらしが味を引き締める。ぜひ加えて）

1　食パンをちぎってボウルに入れ、牛乳を加えて浸しておく。

2　玉ねぎをみじん切りにして、サラダ油大さじ1を熱したフライパンで、しんなりとして色づくまで炒める（甘みを出すのと、玉ねぎの水分を抜くため。これをしないとハンバーグが割れやすい）。皿に取り出して冷ましておく[→a]。

3　大きめのボウルに合いびき肉を入れて、溶き卵を加え、切り込むように混ぜる。続いて1の食パン（牛乳ごと）、2の玉ねぎ、塩、こしょう、ナツメグを入れて[→b]、粘りが出るまで（ちょっと糸をひく感じ）よく混ぜる[→c]。

4　3のたねを平らにならして、4等分にする。手にサラダ油をしっかりと塗り、4等分にしたたねを1つずつ取って、両手に（ドリブルみたいに回転させながら）打ちつけるようにして空気を抜き、楕円形にまとめていく[→d]。サラダ油を塗った皿に並べる。

5　フライパン（直径24cmで2個ずつ。直径26cmでがんばれば4個同時に焼ける）にサラダ油大さじ2を熱し、4の皿を傾けてたねをすべらせて入れる。たねを軽く押さえてから、中火弱の火加減で焼き、こんがりと焼き色がついたらフライ返しで返す。

6　ふたをして弱火で6〜7分蒸し焼きにし[→e]、中まで火を通す。

7　〈ソース〉を作る。ハンバーグを焼いたあとのフライパンの残った余分な油を捨て、ケチャップを入れて軽く火を通す。ウスターソース、赤ワインを混ぜて、練りがらしを加える。

○棒状に切ったにんじん、同じ長さに切ったさやいんげんをサッとゆで、熱いうちにオリーブオイルをからめ、軽く塩、こしょうをふって添える。

---

a　玉ねぎが熱いと、ひき肉と合わせにくいので、きちんと冷ましておく。

b　ひき肉に溶き卵をよく混ぜ込んでから、ほかの材料を加える。

c　白っぽくなって、少し糸をひくぐらいに粘りが出るまで混ぜる。

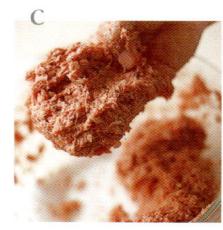

d　たねを回転させながら、ドリブルをするように両手に打ちつけて空気を抜く。

e　表面を焼きつけてから、ふたをして蒸し焼きに。これで肉のうまみを封じ込めた、ジューシーなハンバーグができる。

○つけ合わせ ごぼうの塩きんぴら

要するにきんぴらですが、しょうゆでなしに塩で味つけするんです。さっぱり味のきんぴらの歯ごたえが、柔らかいハンバーグのつけ合わせにぴったり。お弁当のおかずにもおいしいよね。

材料 4人分
ごぼう‥‥1本(200g)
塩、粗びき黒こしょう、いり白ごま
　‥‥各適量
サラダ油‥‥大さじ½強

1　ごぼうは皮をたわしで洗うか、包丁の背でこそげる。斜め薄切りにして重ね並べ、端からマッチの軸の太さの細切りにする。水に浸してあくを抜く。

2　フライパンに油をひき、水けをきったごぼうを入れて全体に広げる。強めの中火にかけて、そのまま触らずにじっくり焼く。

3　焼き色がついたらフライパンをふって返し、全体にごぼうを広げて、じっくりと焼く。これを数回繰り返す。途中で塩をふる。

4　焼き色がついて、ごぼうに火が通ったら、白ごまと黒こしょうをふる。

じゃがいもと玉ねぎのサラダ

じゃがいも、玉ねぎ。いつも台所にある野菜ですよね。こういうので1品が作れると、ちょっといいでしょう。ゆでてサラダにします。ポイントはドレッシング。

オリーブオイル(油)、塩(塩分)、レモン汁(酸味)、こしょう。つけ合わせのサラダなら、これだけでもいいですが、一品のおかずとして食べるサラダには、少しアクセントが欲しい。おろしにんにくで、こくを加えて。たっぷりのパセリのみじん切りで、香りと風味をプラスする。塩の代わりに、しょうゆを加えるのもいい。おかずっぽくなりますし、しょうゆは味に厚みがあるので、少し加えるだけでも「うまみ」がきちっと決まります。

カリフラワーでも、アスパラガスでも、かぼちゃでも、ゆでたてあつあつの野菜を、このドレッシングであえると味がよくしみて、本当においしい。温かくても冷たくても、すてきな味わいのサラダです。

材料 4人分
じゃがいも(男爵)‥‥2〜3個(350g)
玉ねぎ‥‥1個(200g)
〈ドレッシング〉
オリーブオイル‥‥大さじ3
レモンの絞り汁‥‥½個分
おろしにんにく‥‥1かけ分
パセリ‥‥½束
しょうゆ‥‥大さじ½
塩‥‥小さじ⅓
こしょう‥‥適量

1　じゃがいもは皮をむき、1.5cm厚さの輪切りにして水にさらす。玉ねぎは皮をむき、芯をつけたまま8等分のくし形に切る。

2　1のじゃがいもと玉ねぎを鍋に入れ、かぶるくらいの水を加えて強火にかける。煮立ったら火を弱め、じゃがいもが柔らかくなるまで静かにゆでる[→a]。

3　〈ドレッシング〉のパセリは洗って水けをきり、葉元を持って束ね(ブーケを作るみたいに)、葉を指先で小さく丸める。端から細かくきざんでいく[→b]。

4　大きめのボウルに〈ドレッシング〉の材料を合わせて、3のパセリを加え、よく混ぜる。

5　2の野菜がゆであがったら、手早く湯をきり、あつあつを4のボウルに入れる。〈ドレッシング〉でよくあえる[→c]。

パセリはおいしい。見直してください

a　じゃがいもが煮くずれないように、湯がおどらない静かな火加減でゆでる。

b　パセリは小さく丸めてから切ると、細かいみじん切りができる。

c　熱いうちに〈ドレッシング〉であえることで、味がよくしみる。

14 炊き込みオムライス
+
グリーンサラダ

黄色い卵と一緒に口に入れる、ご飯の味が明らかに違う。
このみずみずしいおいしさは、
炊き込みチキンライスだからこそ。
ひとが来るときにオムライスなんて、しゃれている。

緑の濃淡がきれい。
ほどよく冷えて、ほどよく口に入る大きさで、
野菜1切れずつを、ドレッシングがまろやかに包み込む。
ていねいに作られたサラダは、これほどおいしい。

炊き込みオムライス

　炊飯器でチキンライスを炊き込んで薄焼き卵で包む、オムライスなんですよ。炒めご飯をたくさん作るのは大変やけど、これなら一度に炊けるから、ひとが来るときにもいいでしょう？ それにやっぱり、ご飯が新鮮なおいしさよね。

　ポイントはチキンライスを固めに、さらりと仕上げること。それには、洗った米と同量の「熱湯」で炊くのです。

　薄焼き卵で包むのは、「引力」を利用すれば、ものすごく簡単なんですけど（詳しくはレシピを見てくださいね）、もしもめんどうに思うならば、半熟状に焼いた卵をフライパンからすべらせて、そのままのせてもいい。でも本当に簡単なので、「引力」の方法にトライしてほしいなぁ。できると、うれしくなるから、絶対に。

材料　4人分

○チキンライス　4〜6人分
米‥‥カップ2（200mlカップを使用）
鶏もも肉‥‥1枚（230g）
　塩‥‥小さじ½
玉ねぎ‥‥½個強（120g）
にんじん‥‥¼本（60g）
マッシュルーム‥‥5〜6個（100g）
にんにくのみじん切り‥‥1かけ分
トマトピューレ‥‥大さじ4（60g）
オリーブオイル‥‥大さじ3
A ┌ 熱湯‥‥カップ2½（洗い米と同量）
　├ 塩‥‥小さじ1½
　├ こしょう‥‥少々
　└ ローリエ‥‥1枚
○薄焼き卵　1人分
卵‥‥2個
塩、こしょう‥‥各少々
B ┌ バター‥‥小さじ1強（5g）
　└ サラダ油‥‥小さじ1
トマトケチャップ‥‥適量

1　米は洗い、30分〜1時間ざるに上げておき、浸水させながら表面を乾かす（乾かすことで、炒めるときにベタつかない）[→a]。

2　鶏肉は小さなさいの目に切り、下味の塩をまぶしておく。玉ねぎ、にんじんは小さめのあられ切り、マッシュルームは2〜3mm厚さの薄切りにする。

3　フライパン（直径26cm）にオリーブオイル大さじ2をひいて、にんにくを弱火で炒める。香りが立ったら中火にして、玉ねぎ、にんじんを入れて炒め、玉ねぎが透き通ったら鶏肉とマッシュルームを加える。

4　鶏肉の色が変わったらオリーブオイル大さじ1を足し、1の米を入れて全体に炒め合わせる[→b]。米に油がなじんだら、トマトピューレを加えて混ぜながら炒める。全体に味がなじんだら、炊飯器に移し入れる。

5　Aを加え、普通に炊きあげて蒸らす[→c]。

6　薄焼き卵を作り、1人分ずつオムライスを仕上げる。1人分2個の卵を溶いて、塩、こしょうを加え混ぜる（菜箸をボウルの底面につけながら、左右に動かして卵をほぐす）。

7　熱したフライパン（直径24cm）にBをなじませ、バターが溶けて焦げ始めたら、溶き卵を流す。卵を菜箸で数ヵ所押さえて（平らにならすため）、半熟になったら火を止める。

8　5のチキンライスの1人分を、真ん中に縦に入れる[→d]。皿を少し斜めに傾けてフライパンのそばに添え、まずは卵を平行移動させるようにして、卵の端が皿にのったら、フライパンをくるりと返し、（オムライスが落ちる「引力」で）卵でチキンライスを包み込む[→e]。残りも同様に作り、トマトケチャップをかける。

○薄焼き卵で包むのがめんどうなら、バターとサラダ油をなじませたフライパンで、溶き卵を半熟程度に焼き、皿に盛ったチキンライスの上にのせてもいい。

炊き込みご飯なら、一度に何皿もできるでしょ

a　ざるに上げておくと、米の表面の水分が中まで浸透するとともに、米の表面が乾いて炒めるときにベタつかない。ざるは真ん中をあけておくと水ぎれがいい。

b　具を炒めてから、洗い米を加えて炒め、米に香ばしさを出す。

c　熱湯を加えて、炊飯器で普通に炊きあげる。

d　卵の端がちりちりと焼けて、中が半熟状態になったら火を止めて、チキンライスを縦長に入れる。ご飯が多いと包むのが難しい。茶碗1杯強を目安にして。

e　皿で受けながらフライパンを返して、卵でチキンライスを包む。

グリーンサラダ

日本人は生野菜のパリパリとした食感が好きよね。それを濃いドレッシングの味で食べる、そんなわびしいサラダはもう卒業しませんか。フランスのレストランで修業したときに、私も教わったんです。サラダの主役は、あくまでも「野菜」です。

まず形。野菜の一枚一枚が、きれいな形にちぎられていること。次に口に入れたときの涼しさ、みずみずしさ。洗って、水きり器にぐるぐるとかけるのでは、葉っぱが傷んでしまう。氷水につけて、ていねいに汚れを落とし、水けをやさしく取ってやる。そして食べるまで、大きなふきんにふわっと包んでおく。こうして下処理した野菜は、朝露を浴びたあとのようにいきいきと生き返っているんです。ほんとに、うっとりするほどきれい。

ほのかな苦み、ほのかな甘み、野菜そのもののうまみを引き立てる、シンプルなドレッシングでいただきましょう。サラダにここまで手をかけるなんて、おかしい？ おかしいと思いながらで結構、とにかく一度、この方法を試してください。野菜の水きり器を棚の奥にしまって、お気に入りの麻のふきんをサラダ用にしよう、と思うに違いありません。

材料　4人分
サラダ菜、エンダイブ
　‥‥各適量（レタス、ルッコラなど、生で食べられる葉野菜ならなんでも）
クレソン‥‥1束
〈ドレッシング〉
オリーブオイル‥‥大さじ3
米酢‥‥大さじ1
　（ワインビネガーよりもやさしい酸味）
塩‥‥小さじ1/3
　（日本の家庭では塩の代わりに、しょうゆ大さじ2/3ぐらいを入れるのもおすすめ）

1　大きなボウルに水をはって氷を浮かべ、野菜を浸す。1枚ずつ、「きれいだな」、「かわいいな」、「いい大きさだな」と思いながら、食べやすいすてきな形にちぎる[→a]。固い部分や、傷んだ葉などは取り除く。

2　氷水をはったボウルをもう一つ用意して、1の野菜をふんわりと一つかみずつすくい取り、新しい氷水に移す。泥や汚れが出た1のボウルの水は捨て、新しい水に替えて、再び野菜を一つかみずつ移す。これを1〜2回繰り返して野菜を洗う（野菜にプレッシャーを与えずに、ひたすら「引力」で泥や汚れをボウルの下にためる）。

3　野菜をざるにあけて水けをきる。広げたタオル（または大きなふきん）に野菜を1切れずつ並べ、もう一枚のタオルを上にのせ、やさしくやさしく押して野菜の水けを取る[→b]。食べるまでタオルに包んでおく（あらかじめサラダの下ごしらえをしておくときは、この状態でボウルに入れて、冷蔵庫で2〜3時間冷やすと最高の状態になる）。

4　〈ドレッシング〉の調味料を泡立て器でよく混ぜる[→c]。3の野菜を器に盛り、いただく直前に〈ドレッシング〉であえる。

○このドレッシングはなんにでも合う、一番プレーンなタイプ。米酢＋しょうゆで作れば、お年寄りや酸味が苦手な人にも好まれる。

この下ごしらえで、野菜のみずみずしさが全然違う

a　生野菜は金気を嫌う。手でやさしくちぎるのが一番。

b　タオルに広げて、野菜の水けをやさしく取る。

c　ドレッシングは白っぽく乳化するまで、よく混ぜる。

15

かきフライ
+
タルタルサラダ

見た目の「おいしそう」を信じて正解。
こんなにフレッシュなタルタルソースは、ほかにない。
フライに添えれば「おかわり！」の声が出ること必至。
サラダとして、最初から多めに作っておこう。

さくさくをほおばると、待ちきれぬようにすぐさま
じゅわっと溶け出す豊かな海のエキス。
シーズンに何回かは食べたい。
うちのあつあつのを食べさせたい。

かきフライ

パン粉は手作りしてください。理由があります

材料　4人分
かき(加熱用)‥‥400g
食パン(6枚切り)‥‥2枚
　(ホテル用などの目のつんだ、おいしい食パンで作りたい)
薄力粉、溶き卵、揚げ油‥‥各適量
キャベツのせん切り
　‥‥1/6個分(200g)

　まず、かきは「加熱用」を買ってください。「生食用」のほうが新鮮と思いがちですが、決してそうではない。「生食用」は生で食べても安心なように、生産地で洗浄したかきなのです。洗うことで、うまみも洗い流しているので、どうしても味が薄くなる。一方、かきのむき身をそのまま出荷した「加熱用」は、うまみがしっかり残っているので、フライなどにしたときのおいしさが歴然と違います。

　さてフライですが、フライは「パン粉」によって味が決まる。油に入れるとパン粉から出る水分で、材料が蒸されるようになって柔らかく火が通る。それがフライという料理なんです。だから「パン粉」そのものがおいしくないと、元も子もない。

　ぜひとも、「パン粉」は手作りしてください。食パンをちぎって、フードプロセッサーにかけるだけでいい。この簡単な一手間で、フライの味がまるで違うんですから。

1　パン粉を作る。食パン(耳つきでOK)を大きくちぎり、フードプロセッサーにかけて細かくする。
2　かきを流水(または塩水)でふり洗いする。目の粗いざるにかきを入れて、ゆすりながら水で洗って汚れを落とし、水けをきる。キッチンペーパーの上に重ならないように並べ、もう一枚のペーパーで上から押さえて、水けをしっかり取り除く(ざるで水きりする程度では不足。ペーパーでしっかりふいておけば、油はねの心配なし)[→a]。
3　かきに薄力粉をつけて余分な粉を落とし、溶き卵、パン粉の順に衣をつける[→b]。
4　170℃に熱した揚げ油で、3を香ばしく揚げる。
5　かきフライとキャベツのせん切りと、あればレモンを器に盛り、タルタルサラダ(p.65参照)を好きなだけ添えていただく。

a　重ならないようにキッチンペーパーの上に並べ、上からもペーパーで押さえて水けをしっかり取る。

b　薄力粉、溶き卵の順につけたら、かきをパン粉の皿にどんどん落としていく。余分なパン粉を軽く落として、揚げ油の中に入れる。

タルタルサラダ

「さらし玉ねぎ」の作り方。みなさん、間違ってるんと違うかな。切った玉ねぎを、水や酢水にさらすのと違いますよ。

さらしのふきんなどに玉ねぎをのせて、塩をちょっとふって、てるてる坊主みたいにふきんをキュッと絞って持ち、やさしくやさし〜く、ふきんの上からなでてやるんです。しばらくすると、ぬめりが出てきますよ。そうしたら、ぬめりと塩分をため水で洗い落としてやる。ふきんをもう一度キュッと絞って、開けると、玉ねぎが最初の80％ぐらいのかさになっています。強い苦みが、水けと一緒に出ていった証拠やね。この「さらし玉ねぎ」で作ったタルタルサラダは、玉ねぎの甘みがきいていて、本当においしい。

もう一つ、この料理の大事なポイントは「混ぜすぎない」ことです。スプーンでさくっと混ぜて、卵の黄身とパセリの緑が合わさって「ああ、きれいだな」と思う瞬間が、「できあがり」やな。それ以上混ぜると、味がにごってしまう。器に盛るとき、みんなで取り分けるときにも混ざるのだから、「3歩手前でやめる」勇気が大切。

「さらし玉ねぎ」の作り方は、これが正解

材料　4人分
卵‥‥4個
玉ねぎ‥‥大1/2個（160g）
パセリ‥‥1/2束（40g）
ピクルス（市販品）
　‥‥小3〜4本（40g）
マヨネーズ‥‥カップ1弱（160g）
塩、こしょう‥‥各適量

1　卵はしっかりかぶる水からゆでる。沸騰したら、6分〜7分30秒ゆでて（卵の大きさによってゆで時間を変える。黄身が白くなるので、完全なかたゆでにはしない）、水にとり、殻をむく。
2　玉ねぎはみじん切りにして、さらしのふきん（少し目の粗いふきん）にのせ、塩少々（材料表外）をふる[→a]。ふきんをキュッと茶きん絞りにし、やさしくなでるようにもむ。表面にぬめりが出てきたら、ふきんに包んだまま、きれいなため水でなでるようにして洗い落とす。ふきんをキュッと絞って水けをきる。
3　パセリはできるだけ細かいみじん切りにする（p.57参照）。ピクルスもみじん切りに。1のゆで卵はスライスする。
4　3と2のさらし玉ねぎ、マヨネーズ、塩、こしょうをボウルに入れて、大きなスプーンでさっくりと混ぜる[→b]。

a　塩の量は、親指、人差し指、中指の3本で軽くつまめる程度。

b　材料をボウルに合わせたら、さっくり混ぜて、「きれいだな」と思う瞬間で混ぜるのをやめる。

16

ビーフステーキ
＋
フライドポテト

まわりはカリッと、香ばしくてスパイシー。
中は柔らか、しっとりジューシー。
かむほどに、肉の深いうまみが広がっていく。
今夜はステーキ。腕によりをかけて焼く！

「うちのフライドポテトは最高」なんて言われたら、
かなり鼻が高い。冷凍？　ノンノン。
時間がたっても、カリカリが続く超本格派。
こどものおやつにも、お酒のつまみにも最高。

ビーフステーキ

材料　4人分
牛ロース肉
　（1.5〜2cmの厚みのある肉）
　　‥‥4枚
　塩、こしょう‥‥各少々
サラダ油‥‥大さじ4
バター‥‥大さじ3強（40g）

1　牛肉は冷蔵庫から出して、室温に15〜20分おいてもどす。
2　火が通りにくい脂に、よく火を通すために筋切りをする。脂の白い筋がつながっている部分を、包丁の先でつつく。肉の周囲の白い脂と赤身の境も、包丁の先でよくつつく[→a]。
3　焼く直前に（時間をおくと、水分が出てしまうので直前）、肉に塩、こしょうをまぶす。
4　1枚ずつ焼く。フライパン（鉄製が理想）を熱して、1/4量のサラダ油とバターをひく。バターが溶けて泡が少し焦げ色になってきたら[→b]、表になるほうを下にして牛肉を入れ、中火で焼き始める。
5　焼く色がついたら返して（ステーキは返すのは一度だけ）[→c]火を弱め、肉汁（赤っぽい汁）が表面に浮き出れば[→d]、ミディアムと判断して火からおろす。残りも同様に焼く。
○好みの焼き加減に焼きあげる。
○肉を切り分けてサーブする場合は、2〜3分おいてから包丁を入れること。焼けてすぐは、肉汁が中でさかんに循環している状態。それを切ると、せっかくのおいしい肉汁があふれ出てしまう。

　牛でも豚でも鶏でも、どんな料理の場合でも、肉は「冷蔵庫から出してすぐ」調理してはいけません。脂を持っていますから。脂が冷蔵庫の中で冷えて固まった状態では、火を通したときに熱が中まで入りにくいのです。厚みのあるステーキなんて、まさにそう。表面がこんがりと焼けているように見えても、中は生だったりする。焼きあがりの時間が読めなくなるのです。

　肉は必ず、調理の15〜20分前には冷蔵庫から出しておき、室温（常温）にもどしておくこと。習慣づけてください。

冷蔵庫から出して、
すぐに焼いてはダメなんです

a　火の通りにくい脂の部分は、筋切りをする。繊維を断ち切るようなつもりで、包丁の先でつつく。

b　牛肉を焼く場合は、少し焦げ色がつくまでバターを加熱する。ちなみに鶏肉を焼くときは、バターが溶けて泡がふくらめばすぐ焼き始めていい。肉色とバターの焦がし具合は一致する。

c　まわりをカリッとよく焼きつけて、中に肉汁を閉じ込め、肉汁が全体に回るように仕上げる（＝ジューシー）。そのためには、なるべく肉をいじらないことが大事。返すのは一度だけ。

d　赤っぽい肉汁が、じんわりと表面に浮き出ている部分を発見したら、「ミディアムに焼けている」と判断してよし。

フライドポテト

「カリカリッ」の秘密を教えましょう。それは「二度揚げ」です。

1度めは、生のじゃがいもを油の中で「ゆでる」感覚。冷たい油にじゃがいもを入れて、揚げ始めていいんです。強火にかけて、5分ほどでじゃがいもが柔らかくなるので、それをいったん引き上げて冷ます。空気にふれると、じゃがいもから蒸気が抜けて、「カリッ」とします。

2度めは、そのじゃがいもをきつね色に「揚げる」感覚。油で揚げることで、さらにじゃがいもから水分が抜けていきます。こんがりと色がつけばOK。ほら、これで「カリカリッ」のできあがりです。

「ゆでる」「揚げる」の2回を、油の中でする感じやね

材料　4人分
じゃがいも（メイクイーン）
　‥‥4個（400g）
揚げ油‥‥適量
塩‥‥適量

1　じゃがいもは皮をむき、拍子木に切って1時間ほど水にさらす（でんぷん質をよく抜いたほうが焦げにくい）[→a]。水けをきり、キッチンペーパーで水けをよくふき取る。

2　フライパン（直径24cm）に2.5cmほどの深さに、揚げ油を入れる。油が冷たいうちから1のじゃがいもを入れ、点火して、そのまま強火にかける。5分ほど揚げ、金串などで刺してみて、柔らかければいったん油から引き上げて冷ます[→b]。

3　揚げ油を180℃（乾いた菜箸の先を入れると、シュワシュワと細かい気泡が出る温度）に熱して、2のじゃがいもを入れ[→c]、カラリと香ばしく揚げる（きつね色になればOK）。

4　新聞紙に上げて、ぱらりと塩をふる。新聞紙を丸めて口を閉じ、両手で端を持って左右にしっかりふって[→d]、じゃがいもの余分な油を新聞紙に吸わせると同時に、塩を全体にほどよくまぶす[→e]。

a　拍子木切りにしてから、水にさらしてあくを抜く。

b　中まで柔らかくなり、うっすらと色づく程度に揚げたら、いったん油から引き上げる。

c　180℃の油でもう一度揚げる。2度めはこんがりと色がつくまで揚げる。

d　両手で端を持って、左右に小きざみにしっかりとふる。

e　新聞紙に余分な油を吸い取らせると同時に、全体に塩をまぶすことができる。

17

グリルチキンのサラダ
＋
じゃがいもの重ね焼き

鶏肉って、フルーティーな味がする——。
そんなふうに感じるのは、グリルで焼いているから。
たっぷりの野菜と一緒に食べるから。
スパイシーでエスニック。冷えた白ワインとも絶対に合う。

カリッとして、もちっとして、
バターの風味がきいている。
フランスの料理人が鼻歌まじりに作りそうな
シンプルでしゃれた料理。定番にしたい。

グリルチキンのサラダ

鶏肉をグリルで焼いたことがありますか？　そう、魚を焼くグリルです。おいしいんですよ。ガスコンロの火と違ってグリルは熱で包み込むように焼くから、余分な脂が落ちて、素材そのもののうまみが濃くなる感じよね。

焼く前には、鶏肉の水けをしっかりふいてくださいね。買ったときは必ずドリップ（素材から出る水分）が出ています。これは言うなれば、まずい汁と雑菌のかたまりのようなものなので、キッチンペーパーできちんとふき取りたいのです。それに肉が湿っていると、表面が蒸れて香ばしく焼きあがりません。

さて、鶏をカリッとおいしく焼きあげたら、たっぷりの野菜と合わせてサラダに仕立てましょう。外では食べられない、ダイナミックなサラダに！

皮目を長めに焼くと、鶏肉のおいしさが生きます

材料　4人分
鶏もも肉‥‥1枚（250ｇ）
　塩、こしょう‥‥各少々
トマト‥‥1個
パプリカ（赤）‥‥1/2個
きゅうり‥‥1/2本
セロリ（茎の部分）‥‥1本
香菜（シャンツァイ）‥‥1/2束
〈ドレッシング〉
酢‥‥大さじ3
おろしにんにく‥‥1かけ分
レッドペッパー‥‥小さじ1
砂糖‥‥大さじ1/2
ナンプラー‥‥大さじ2
塩、こしょう‥‥各適量

1　鶏肉は水けをよくふき取り[→a]、両面に塩、こしょうをまぶす[→b]。よく温めたグリルで皮目から焼いて、焼き色がついたら裏返し、中まで火が通って、こんがりと色づくまで焼く。
2　鶏肉を焼いている間に、野菜の下ごしらえをする。トマトはへたを落とし、6等分のくし形に切る。パプリカはへたと種を除いて、縦に7～8mm幅に切る。
3　きゅうりはへたを落として縦半分に切ってから、5～6mm幅の斜め薄切りにする。セロリは筋を取り、5～6mm幅の斜め薄切りにする。香菜は3cm長さに切る。
4　ボウルに〈ドレッシング〉の材料を混ぜ合わせ、2、3の野菜（水っぽくなるので、水につけたりしないこと）[→c]を加えてあえる。
5　1の鶏肉が焼けたら、熱いうちに食べやすい大きさに切って器に盛り、4の野菜をのせる。

a　鶏肉は表面に湿っぽさを感じないぐらいに、キッチンペーパーでていねいに水分をふく。

b　塩、こしょうは焼く直前に。ふってから時間をおくと、また鶏肉から水分が出てしまうので。

c　野菜は大きめに切って、野菜それぞれの歯ごたえ、おいしさを味わいたい。

じゃがいもの重ね焼き

さらさないから、
いもが自然にくっつくわけですよ

　フランス料理のガレットのように、これは、じゃがいもの「もちっ」としたのを食べようという料理なんです。つまり、じゃがいもの「でんぷん」を食べる料理やな。だから切ったら、水にさらさずにそのまま焼き始める。もしも洗って表面のでんぷんを落としてしまうと、じゃがいもどうしが、くっつかなくなるやろねぇ。

　フライパンにてきとうに、じゃがいもを重ねて入れて、焼いている途中で、てきとうにバターを加えたり、てきとうに塩をパラパラふったり。西洋の人は、こういうの得意よね。でもほんと、こんなんは、てきとうに作るのがいいんですよ。カリッとしたとこ、もちっとしたとこ、焼きむらがあるのが、おいしい料理なんですから。

材料　4人分
じゃがいも‥‥2〜3個(400g)
バター‥‥大さじ3弱(30g)
塩、こしょう‥‥各適量

1　じゃがいもは皮をむき、スライスする(水にさらさない)。
2　フライパン(直径22cm)にバターの1/3量を入れて、弱火で溶かす。じゃがいもを全体に広げて入れ[→a]、弱火で焼いていく。
3　触らずに焼き続ける。焼いている途中で、バターの1/3量を少しずつ鍋肌から加える[→b]。塩、こしょうもほんの少しだけ、全体にパラパラとふる(こういう料理はしょっぱくなりがちなので、味つけを忘れるぐらいの感覚でいい。万が一、味つけを忘れても充分においしい)。
4　ふたをして弱火で蒸し焼きにする[→c]。じゃがいもに火が通って、底面がカリッとしたら裏返す。バターの1/3量を少しずつ鍋肌から加えて、香ばしく焼きあげる。
○焼け具合がわからないときは、竹串でつついてみて確かめる。

a　スライスしたじゃがいもを、てきとうにフライパンに広げる。

b　バターは小さくちぎりながら、鍋肌から加える。

c　ふたをして蒸し焼きにし、じゃがいもに柔らかく火を通す。

18 えびのコーンフレーク揚げ
＋
蒸し野菜のサラダ

すっきりとした揚げ物。驚くほど口当たりが軽い。
おろしポン酢でも、とんカツソースでも、ケチャップでも、
いろんな味で楽しめるカジュアルさが好き。
さくさくが長持ちするので、ひとが来るときにも。

野菜が足りない！　からだがそう言ってるとき。
冷蔵庫にある野菜をあれもこれも、フライパンに入れて蒸すだけ。
野菜それぞれのおいしい味を、確かめながら食べる。
蒸し汁で作るドレッシングも、まろやかでやさしい。

えびのコーンフレーク揚げ

材料　4人分
- えび(無頭・殻つき)‥‥中16尾
- 塩、こしょう‥‥各少々
- 薄力粉‥‥適量
- 溶き卵‥‥1個分
- コーンフレーク‥‥カップ4(100g)
- 揚げ油‥‥適量
- 大根おろし、パセリのみじん切り、ポン酢‥‥各適量
- ○七味唐がらし、とんカツソース、トマトケチャップ＋マヨネーズ、タルタルソースなど、好みの味つけで食べる。

1　えびは塩水(材料表外)で洗い、水けをふいて殻をむく。背側から包丁を入れて開き、背わたを取る[→a]。包丁の刃先で筋切りをし(これをすると、揚げるときにえびが反らない)[→b]、軽く塩、こしょうをする。

2　薄力粉(バットや皿)、溶き卵(ボウル)、コーンフレーク(バットや皿)を用意する。1のえびに薄力粉をまんべんなくまぶし、溶き卵のボウルに入れたら、ボウルに沿わせてえびをゆっくりと上げ、ふちで卵をよくきる[→c]。次にコーンフレークをえびの両面に手で強く押しつける。

3　170℃の揚げ油で、2をカリッと揚げる。

4　大根おろし、パセリのみじん切り、ポン酢を混ぜたたれをつけて食べる。

○このたれは、土井家の最近のマイ"ホーム"ブーム！　豚しゃぶにつけても、和風ハンバーグのたれにしても、とってもおいしい。

○コーンフレーク揚げは鶏胸肉で作ってもいい。その場合は下味にしょうゆをからめておくと美味。

　てんぷら衣やパン粉ではなく、いろいろなものを衣にする揚げ物のことを「変わり衣揚げ」と言うんです。日本料理にある手法ですね。あられ、春雨、そうめんなども衣にしますが、私のおすすめはコーンフレーク揚げ。お子さんがいる家庭なら、食べかけのコーンフレークがあるでしょう。そうでなくても、試してみる価値が大いにあります。

　とにかく、驚くほど軽いんです。栄養学の先生に聞いたら、油の吸収が少なくてカロリーも低いそうですよ。さくさくっとした食感が長持ちするので、ひとが来るときや、お弁当に入れるのにもいい。

　コーンフレークの衣は、はがれてしまいそうな感じがしますが、これが意外にそうでもなくて。手で強く押さえつけるようにすれば、ちゃんとくっついてくれます。

ギュッと押しつければ、案外はがれないんです

a　えびは背開きにして、包丁の刃先で背わたを取り除く。

b　白くつっぱったような筋をつけたままだと、油の中でえびが舞って(くるんと反って)しまう。包丁の刃先で筋切りをしておく。

c　溶き卵をつけすぎると、衣がぼこぼこについて美しくない。ボウルに沿わせてゆっくりと上げ、ふちで卵をよくきる。これはすべてのフライ物に共通のテクニック。

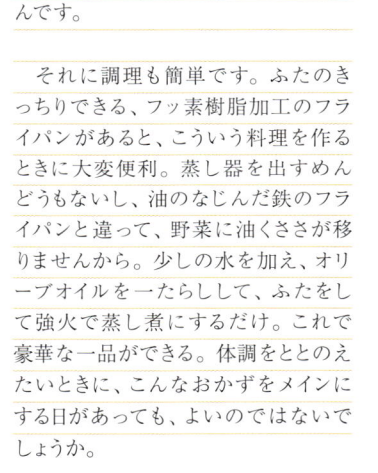

蒸し野菜のサラダ

蒸し野菜のいいところは、野菜を半生、ミディアムの状態で味わえること。歯ごたえや、野菜それぞれの味が残って、ひときわおいしいんです。煮くずれずに野菜の姿が残って、美しいんです。

それに調理も簡単です。ふたのきっちりできる、フッ素樹脂加工のフライパンがあると、こういう料理を作るときに大変便利。蒸し器を出すめんどうもないし、油のなじんだ鉄のフライパンと違って、野菜に油くささが移りませんから。少しの水を加え、オリーブオイルを一たらしして、ふたをして強火で蒸し煮にするだけ。これで豪華な一品ができる。体調をととのえたいときに、こんなおかずをメインにする日があっても、よいのではないでしょうか。

材料　4人分
ズッキーニ‥‥1本
玉ねぎ‥‥1個（200g）
　　（季節なら、ぜひ新玉ねぎで）
かぶ‥‥小2個（100g）
ラディッシュ‥‥4個
サラダ菜‥‥2株
ベーコン（薄切り）‥‥4〜5枚（60g）
水‥‥カップ1/4
オリーブオイル‥‥大さじ2
〈ドレッシング〉
薄口しょうゆ‥‥大さじ1
オリーブオイル‥‥大さじ6
マスタード‥‥大さじ1

1　ズッキーニは1.5cm厚さの輪切りにする。玉ねぎは芯を残して（ばらけないように）、くし形に切る。かぶは茎を長めに残し、皮をむいて縦2つに切る。ラディッシュ、サラダ菜も縦2つに切る。ベーコンは長さを半分に切る。
2　フッ素樹脂加工のフライパン（直径24cm）に、サラダ菜を除く1の野菜を入れる[→a]。ベーコンを散らして入れ、分量の水とオリーブオイルを回し入れて[→b]、ふたをして強火にかける。
3　煮立ったら1分ほど強火で蒸し煮にし、上にサラダ菜を広げてのせ[→c]、再びふたをして、30秒〜1分蒸し煮にする。
4　3を器に盛る。フライパンに残った蒸し汁に、〈ドレッシング〉の調味料を加え混ぜて添える。
○蒸し汁に野菜のジュースが出ているので、ドレッシングに加える。蒸し野菜を野菜のジュース入りのドレッシングでしっとりさせて食べるのが、たまらなくおいしい。

野菜を食べたいときに、知っとくと便利な料理よね

a　野菜は蒸しあがりの姿も楽しみたいので、大きめに切ってフライパンへ。

b　水とオリーブオイルを加えて蒸し煮にする。フレッシュな味わい。

c　火の通りが早いサラダ菜だけはあとから加えて、ほどよい歯ごたえを残す。

19

チキンカレー
＋
野菜のピクルス

サラダのように、
ピクルスをたっぷりと器に盛ってテーブルへ。
コリコリ、パリパリ。かわいい音とともに
ほどよい酸味が、口の中をクールダウンする。

「やった、今日はカレーだ!」
玄関で声が上がる、い〜い香り。
さらりとしながらも、しっかり辛くてスパイシー。
深いうまみの本格カレーは、うちの自慢。

チキンカレー

玉ねぎは「飴色になるまで炒める」とよく言いますが、チキンカレーならば、鶏肉のようなクリーム色に近づくまで。ビーフカレーならば、牛肉の茶色に近づくまで。「主材料の色になるまで炒める」が本当なんです。

玉ねぎと香味野菜をほどよく炒めたら薄力粉を加えて「ルウのベース」を作ってから、カレー粉やスパイスを加えていきます。

この薄力粉も、しっかり炒めて火を通すことが大事。「炒め加減」は玉ねぎと同じ考え方です。鶏肉のカレーならば、粉っぽさがなくなり、ねっとりとしていたのがパサついて、少し茶色くなるまで。牛肉のカレーならば、さらにパサついて、濃い茶色になるまで。

面白いでしょう。玉ねぎや薄力粉の「炒め加減」で、カレーのこくやとろみが違ってくるんですよ。つまり、具に合わせて、ちゃんと風味を変えるわけで。そこが手作りカレーの妙味やねぇ。とろみと油分の強いインスタントのルウを卒業して、さらりとしつつも深い味わいの、本格カレーを食べようではないですか。

材料　4人分
- 鶏もも肉（骨つき）‥‥500g
  （味がよく出る骨つきが美味）
- 塩‥‥小さじ1
- しょうが‥‥大1かけ（20g）
- にんにく‥‥大1かけ（10g）
- 玉ねぎ‥‥2½個（500g）
- 薄力粉‥‥大さじ3（25g）
- カレー粉‥‥大さじ2
- チリペッパー‥‥小さじ1
- トマトペースト‥‥大さじ1
- サラダ油‥‥大さじ3
- バター‥‥大さじ3弱（30g）
- 白ワイン‥‥カップ1
- 水‥‥カップ4
- 塩‥‥適量
- ご飯‥‥4杯分
- ○好みで福神漬け、らっきょうを添えて。

1　鶏肉は2～3cmのぶつ切りにして（店でぶつ切りにしてもらうか、ぶつ切りを買ってきてもいい）、塩を全体にまぶし、1時間ほど室温においてなじませる。しょうが、にんにくは皮をむいてすりおろす。玉ねぎは皮をむき、半分に切ってから縦に薄切りにする。

2　厚手の煮込み鍋（直径22cm）にサラダ油大さじ2、バターの⅔量を熱し、しょうが、にんにく、玉ねぎを入れて弱火でじっくり炒める。全体が鶏肉のようなクリーム色になるまで[→a]、たえず混ぜながら炒める。途中で焦げてきたら、残りのバターを加える。

3　2に薄力粉を加え[→b]、混ぜながら弱火でじっくり炒める。ベタベタしているのがさばけてきたら粉に火が通った証拠。カレー粉、チリペッパーを加えてさらにいりつけ、トマトペーストを加えて炒める[→c]。

4　フライパンにサラダ油大さじ1を熱し、鶏肉をこんがりと焼き色がつくまで中火で焼く（表面を焼いて肉のうまみを閉じ込める）。

5　4を3の鍋に加え、白ワインを入れて、底から混ぜながら煮立てる[→d]。分量の水を加えてのばす。

6　ときどき鍋底からかき混ぜて、中火以下で30～40分煮込む。塩で味をととのえ、ご飯にかけてすすめる。

炒め玉ねぎのルールを知っていますか？

a　玉ねぎを鶏肉に近い色まで炒める。

b　玉ねぎをよく炒めたら、薄力粉を加える。

c　薄力粉にもしっかり火を通してから、カレー粉、チリペッパー、トマトペーストを加えて炒める。これがカレールウとなる。

d　鶏肉はフライパンでこんがりと焼きつけてから、カレーの鍋に加える。

野菜のピクルス

「塩もみ」で
きれいな色に仕上げましょう

材料　作りやすい分量
にんじん、セロリ、きゅうり、パプリカ、カリフラワー‥‥合わせて900g
レモンの薄切り‥‥4〜5枚
塩‥‥18g
　（大さじ1＝野菜の全重量の2％）
〈漬け汁〉
米酢、水‥‥各カップ1
砂糖‥‥大さじ5
塩‥‥適量
粒こしょう（黒、白など）‥‥計15粒
ローリエ‥‥3枚
赤唐がらし‥‥3本

　ピクルスにもいろいろありますが、一年もつような西洋のピクルスよりも、つけて2〜3時間後から食べられる、浅漬けタイプのほうが、私たちの暮らしには出番が多いことでしょう。

　おすすめは野菜を塩漬けにしてから、漬け汁につけ込む方法です。野菜の全重量の2％の塩をふって、軽くもみ、1時間ほどおいてなじませます。こうして野菜から水分を出してやると、味がしみてつかるのが早いし、野菜に歯切れが出るし、色も鮮やかになるんですよ。

　漬け汁の配合は、あくまでも目安。ご自分で味をみて「やさしい味やけど、もうちょっと酢を入れよう」とか、お好みで味を調節してください。

1　にんじんは皮をむき、セロリは筋を取り、パプリカはへたと種を取って、それぞれ5〜6cm長さの棒状に切る。きゅうりは縦4等分にしてから、6〜7mm幅の斜め切りに。カリフラワーは小房に分ける。

2　ボウルに野菜とレモンを合わせて重量をはかり、全重量の2％の塩を用意。塩を全体にまぶしてよくからめ[→a]、しばらくおいてなじませる（1時間ぐらい）。

3　2がしんなりしたら、野菜から出た水けをきる。〈漬け汁〉の材料[→b]をボウルに加えていく[→c]。全体を軽くあえて味をみ、塩分が足りないようなら塩少々を補う。

4　ラップをかけて軽く重石をし、冷蔵庫に入れて味をなじませる。2〜3時間たった頃から[→d]、翌日ぐらいが食べ頃。

a 野菜に塩をふってなじませ、しばらくおいて水分を出す。

b 漬け汁の材料。酢の酸味を和らげるために、同量の水も加えている。

c 漬け汁はあらかじめ合わせる必要なし。それぞれを順にボウルに加えていけばいい。

d 2〜3時間つけ込むだけで、こんなに色鮮やかなピクルスが完成。

20

手巻きずし
+
はまぐりの潮汁

特別な日にはおすまし。
貝の汁なら、だしいらずで、うっとりとするほど美味。
澄んだ熱い汁がのどを通って、からだの芯を
すーっと落ちていく心地よさは、日本の宝。

特別な日には手巻きずし。
あれこれ並ぶ具に、みんなの歓声が上がる。
どれを食べてもおいしいのは
「つややかに光るすし飯」のおかげだっていうこと、
作り手だけが知る喜び？　でも、それもうれしい。

手巻きずし
(すし飯)

米はといだら、ざるに上げます。そうして夏場なら30分、冬場なら1時間ほどおくと、米の表面が乾くのと引き替えに、表面についた水分が米の芯まで浸透する。これを、「米に浸水させる」と言うのです。水けを吸った「洗い米」はふっくらとして、洗う前の乾燥した米よりも分量が増えています。カップ2の米をといだ場合、浸水後の米を計量カップではかり直してみると、カップ1/2～2/3は増えていると思う。米の鮮度などによって、ふくらみ具合は異なるのです。

ご飯は普通、洗い米と「同量の水」を加えて炊きます。乾燥した米がカップ2でも、洗い米がカップ2 1/2になっていれば、カップ2 1/2の水を加えて炊く。これが正解です。

ただし、すし飯だけは別。あとからすし酢の水分がプラスされるので、その分だけ、ご飯は固めに炊きます。洗い米より「1割引きの水加減」と覚えてください。水加減はご飯のおいしさを決める鍵。ここは慎重にいきましょう。

材料　4人分
米　カップ3 (200mlカップを使用)
水　カップ3～
〈すし酢〉
酢　カップ1/2
砂糖　大さじ5
塩　大さじ1
○上記からカップ1/2強を使用。

1　米はといでざるに上げ、30分～1時間おいて浸水させる[→a]。この洗い米(水分を含んでいる分、洗う前とは分量が変わっている)の1割引きの水を加えて、普通に炊きあげる。

2　〈すし酢〉の調味料を小鍋に入れ、弱火で温めて砂糖と塩を溶かす(酢の香りがとんでしまうので、決して煮立てないこと)[→b]。

3　炊きたてのご飯を盤台(余分な水分を吸ってくれる、木の盤台を使いたい)に移し、2のすし酢を回しかける。うちわ(扇風機でも)で風を当てながら、木じゃくしで切るように混ぜる(風を当てて早く冷まさないと、余熱で米が柔らかくなる。それに早く冷ましたほうが、米のつやがよくなる)[→c]。

4　乾かないように、ぬれぶきんをかけておく[→d]。

○できあがったすし飯に、すだちなどを絞ってみたり、好みで風味づけをするのも楽しい。

「浸水させたあとの米」で水加減します

a　米は洗ってざるに上げ、30分～1時間浸水させる。ざるの真ん中をあけておくと、水ぎれがいい。

b　すし酢を弱火にかけるのは、砂糖などを溶かすため。香りがとんでしまうので、決して煮立てないこと。

c　風を当てながら、すし飯を手早く混ぜる。あまり長く混ぜていると、すし飯が粘ってくるので、つやが出てくる頃合いでやめる。

d　ぬれぶきんをかけておく。

具　4人分
(a)まぐろの刺身‥‥170g　A(しょうゆ、みりん‥‥各大さじ3)　まぐろの刺身は、Aを合わせたたれに10～15分つけて"づけ"にする。
(b)ゆでだこの足‥‥130g　梅干し‥‥1個　たこは半割りにして、小口から細かく切り、たたいた梅肉とあえる。
(c)イクラ‥‥適量
(d)たらこ‥‥1腹　マヨネーズ‥‥適量　たらこは薄皮から出してほぐし、マヨネーズを添える。
(e)牛肉(焼き肉用)‥‥230g　塩、こしょう‥‥各少々　牛肉は両面に塩、こしょうをふり、網でこんがり焼く。粗熱がとれたら細く切る。
(f)卵焼き(p.53参照)‥‥適量　ほかの材料と長さを揃えて、棒状に切る。
(g)納豆(ひきわり)‥‥1パック　しょうゆ‥‥少々　よくほぐして、しょうゆで味つけし、皿に盛る。
(h)貝割れ菜、大葉、きゅうり、サラダ菜(サニーレタスなど)‥‥各適量　それぞれ食べやすく切って盛りつける。

●食卓で
すし飯、(a)～(h)の具、焼きのり、おろしわさび、しょうゆを用意する。各人が焼きのり1/4枚にすし飯を少量のせて、好みの具を組み合わせてのせ、くるりと巻いて食べる。
○具は刺身の盛り合わせパックでも、ハムでもソーセージでも、よくできたすし飯があって、みんなで巻いて食べれば、なんでもおいしい。

はまぐりの潮汁

材料　4人分
はまぐり‥‥8個
だし昆布（10cm角）‥‥1枚
　（入れればよりおいしいけれど、省いても可）
水‥‥カップ4
塩、薄口しょうゆ‥‥各適量
麩‥‥8個
　（使用したのは小さな卵麩。好みのもので）
三つ葉‥‥少々

　はまぐりやあさりといった貝は、それじたいから、なんともおいしいだしが出るので、あえて、だしをとる必要がありません。貝を水に入れて火にかけ、貝の口が開けば、それでよいのです。

　ただし、強火にかけて煮立て、強引に貝の口を開かせようとすれば、汁は沸騰しますが、貝の中身がおいつかない。中火以下の火加減で、ゆっくりと静かに煮てやれば、貝も喜びますよ。だしもよく出るし、身もふっくら煮える。「ぐつぐつ」は一回もなし、です。これだけ覚えておいてください。

5分でできますから、食卓に出す直前に作ってほしい

1　はまぐりは必要ならば砂出しをする。ひたひたの塩水（海水ぐらいの濃度。水カップ1に対して塩小さじ1強が目安）に入れて、涼しいところに静かな状態でしばらくおく[→a]。
2　1の水を取り替え、貝と貝とを静かにこすり合わせて洗う[→b]。
3　鍋にはまぐり、昆布、分量の水を入れて、中火以下の火にかけ、ゆっくりと煮る。
4　麩は水につけて柔らかくもどし、両手ではさんで水けを絞る。三つ葉はきざむ。
5　3がふつふつとしてきたら火を弱め、あくを取って[→c]、昆布を取り出す。はまぐりの口がすべて開いたら味をみて（貝から塩分が出るので、味を確かめて調味する）、塩、薄口しょうゆで味をととのえ[→d]、火を止める。
6　椀にはまぐりを盛って汁を注ぎ、麩と三つ葉を加える。

a　貝は塩水に浸し、静かな環境において砂出しをする。

b　砂出しずみの貝を買った場合でも、調理前には貝どうしをこすり合わせて洗う。汚れが残っていると、せっかくのすまし汁が台なし。

c　浮いたあくはていねいにすくう。

d　貝の口がすべて開いたら、塩と薄口しょうゆで控えめに調味する。

21

おでん
＋
茶飯

香ばしいご飯！
ほうじ茶で炊いているし、いり大豆入りだし。
これが好きでないひと、いるだろうか。
おでんに茶飯、冬の最高のおもてなし。

甘めのつゆがじゅくじゅくとしみて、
ほっとする。心まであったかくなる。
それに、おでんだしができた瞬間の、すばらしい香りと
琥珀色の美しさ。台所でも幸福を味わえる料理。

おでん

おでんだしは、非常に簡単です。水と調味料とだし昆布と削り節を、全部一緒に鍋に入れて、ガーッと強火にかけて煮立てるだけ。たっぷりの量なので、強火でも沸くまでに時間がかかりますから、昆布や削り節から、しっかりとだしが出るんです。

できたてのおでんだしは、本当にうっとりとするいい香り。色もきれいで、「こんなだしが自分で作れるんだ」とちょっと感動しますよ。

ちなみに、私はおでんにじゃがいもを入れないんです。煮くずれて、つゆがにごるのがいやなので。澄んだつゆの、すっきりとした味わいのおでんが好っきですねん。

おでんだしは、削り節の細かいかすが出るので、さらしなどの布でこすのがいい。

大きい鍋や大きいボウルを用意してください

おでんはたっぷりと煮るに限ると思う。なので、おでんだしも具も多めのレシピです。手持ちの「一番大きな鍋」を用意しましょう。寸胴鍋、土鍋、ふたつきアルミ鍋など、なんでも結構。その容量に合わせて、具は適宜減らしてください。

ただし、おでんだしはたっぷりと作ってほしい（レシピの分量で、大きなボウル2〜3個分になるかと思います）。大切なのは、トータル3時間という「煮る時間」を確保することなのです。「具が汁に浸っている状態」で煮続けることです。だから、たとえ鍋が小さくても「たっぷりのおでんだし」を用意して、ふんだんに汁を加えながら、時間をかけて煮たい。そうすれば、ふくふくと豊かに味を含んだ、おいしいおでんができあがります。

材料　4〜6人分
〈おでんだし〉
薄口しょうゆ‥‥カップ1
砂糖‥‥カップ1/2（65g）
酒‥‥カップ1/2
水‥‥カップ15
削り節（かつお、さば、いわしなど）
　‥‥計50g（削り節を2種類ぐらい組み合わせた、混合だしが理想的）
だし昆布（10cm角）‥‥2枚

●具
牛すじ‥‥400g（手に入れば、味が出るのでぜひ入れたい）
大根‥‥3/4本（800g）
卵‥‥4個
こんにゃく‥‥1枚（250g）
厚揚げ‥‥2枚
焼きちくわ、ごぼう天‥‥各2本
〈きんちゃくもち〉
油揚げ‥‥2枚
もち‥‥小4個
かんぴょう‥‥適量
　（洗って塩もみをし、もどしておく）

1　〈おでんだし〉の材料をすべて鍋（直径26cm・大きめの鍋）に入れ、強火にかける。煮立ったらあくを取り、火を止める。容量の大きな鍋に布を敷いたざるをのせて、おでんだしをこす［→a］。

2　具の下ごしらえをする。牛すじは色が変わる程度に、熱湯で1〜2分ゆでて水にとり、食べやすく切って竹串に刺す。

3　大根は8等分の輪切りにして皮をむき、あれば米のとぎ汁で（または米一つかみを入れた水から）透き通るぐらいのかたゆでにし［→b］、水にとって洗う。卵はかたゆでにして、殻をむく。

4　こんにゃくは三角に切り、厚みを半分に切って、熱湯で2〜3分ゆでる。厚揚げは三角に切り、ごぼう天は斜め二つ切りにして、それぞれ熱湯に通して油抜きをする［→c］。焼きちくわは斜め二つ切りにする。

5　〈きんちゃくもち〉を作る。油揚げを半分に切り、袋状に開く。もちを入れ、柔らかくもどしたかんぴょうで結び、熱湯を回しかけて油抜きする。

6　大鍋（できるだけ大きな鍋）に〈きんちゃくもち〉以外の具をすべて入れ［→d］、もう一度こしながらおでんだしを注ぐ。強火にかけて煮立ったらあくを取り、火を弱めてふたをして煮込む。

7　2時間煮込んだところできんちゃくもちを加え、さらに1時間煮て、トータル3時間ほど煮込む。

○練りがらし（→p.25参照）をたっぷり添えて。おでんの大根には七味唐がらしをふるのもおいしい。

b 大根は固めに下ゆでする。米のとぎ汁や米を入れた湯でゆでると、あくが取れ、色が白く仕上がる。

c 揚げ物の具は熱湯にくぐらせたり、熱湯をかけたりして、余分な油を抜く。これで味がしみやすくなると同時に、つゆがすっきりとした味わいに。

d 材料すべてとおでんだしが入る大きな鍋で煮込む。〈きんちゃくもち〉は、最初は取り除いておく。

茶飯

　しょうゆで味をつけたご飯を、茶色い飯だから「茶飯」と呼ぶひともいるようですが、これはお茶で炊くんですよ。お茶はなんでもいいんです。番茶でもウーロン茶でも。普通においしく飲むときと同じようにいれて、冷ましたもので米を炊きます。今回はほうじ茶を使いましたので、ほうじ茶の香ばしさによく合う、いり大豆を加えました。節分で食べる、あの大豆です。

　おでんには茶飯をよく組み合わせますが、なんでやろねぇ。確かに白いご飯だったら、ちょっと寂しいけど、茶飯ならほかに何もいらないよね。気がきいてる。よそで出されたら、こんなん、うれしいですよねぇ。

おいしくいれたお茶で、香りよく炊くのです

材料　4人分
米‥‥カップ2〈200mlカップを使用〉
いり大豆(市販品)
　‥‥カップ2/3 (60g)
塩‥‥小さじ1
〈お茶〉
　┌熱湯‥‥カップ3
　└ほうじ茶‥‥大さじ2 1/2
○上記でいれたお茶からカップ2 1/3を使用。

1　米はといでざるに上げておく。
2　ほうじ茶で普通にお茶をいれ、こして冷ましておく[→a]。
3　炊飯器の内釜に1の米を入れ、2のお茶を注ぐ[→b]。いり大豆、塩を加えて[→c]普通に炊き上げる。充分に蒸らしてからいただく。
○いり大豆の代わりに、枝豆を入れて炊くのもおすすめ。さやから取り出した豆を米に加えて炊く。

a 飲んで普通においしい程度の濃さに、お茶をいれる。

b 冷ましたお茶で、米を炊く。

c いり大豆、塩を加えて、香ばしく炊きあげる。

いり大豆
節分で食べるいった大豆。菓子コーナーやおつまみコーナーで通年手に入る。水でもどす必要のある乾燥大豆、缶詰のゆで大豆とお間違えなきように。

22

すき焼き
+
白菜の即席漬け

冬になったら白菜。
うまみをたっぷり含んで、みずみずしい。
塩をふって、重石をかけて、即席漬けを作っておく。
口に涼しさや歯ごたえが欲しいときに、食卓に出す。

ほどよく火が入ったところを狙って、
とろんと甘い牛肉を、とろりと卵につけて食べる。
すき焼きの日の父の威厳。砂糖としょうゆの焦げるにおい。
ひとつ鍋を囲む楽しさ。「一生もん」のおいしさの記憶。

すき焼き

材料　4人分
牛肉（すき焼き用）‥‥500g
焼き豆腐‥‥2丁（600g）
しらたき‥‥1玉（200g）
麩（ふ）‥‥8個
玉ねぎ‥‥2個（400g）
生しいたけ‥‥大4個（80g）
青ねぎ（太めのもの）‥‥3本
牛脂‥‥適量
砂糖、酒、しょうゆ‥‥各適量
卵‥‥4個

　すき焼きなんて、それこそ好きに作ればいいんやけど。私のこだわりを言うならば、やっぱり、一番大事なのは、最初に2〜3枚の牛肉をキャラメリゼすることやな。

　牛脂を溶かしたところへ肉を入れて、砂糖を加える。中火ぐらいの火加減で、あわてずゆっくり焼くと、砂糖が溶けて茶色くなって、肉のキャラメルがけみたいなのができる。そのうまみを、鍋全体に移すんです。それから水けの出る野菜や豆腐を入れて、味をちょっとずつ加えていき、最後に一番上に牛肉を広げてのせる。肉は直火で焼かない。下からくる熱と、いろんな具のうまみを含んだ蒸気で、蒸し焼きのようにするんですよ。こうすると柔らかくて、ほんと、おいしい。

　肉を上にのせたあたりから、お父さんが「卵、そろそろ溶いときや」と言うんですよ。すき焼きは、調味料の分量が出せないよね。みんなで「甘い」だの「しょっぱい」だの言いながら、その場で味を作っていくものですから。お父さん、鍛えられるよね。

1　焼き豆腐は8等分に切る。しらたきは熱湯でゆでて水けをきり、食べやすく切る。麩は水につけてもどし、水けを絞る。
2　玉ねぎは縦半分に切ってから、1cm厚さの半月切りに。しいたけは軸を取り除いて5mm幅に、青ねぎは4cm長さに切る。牛肉と下準備した材料すべてを、大皿に盛り合わせる。
3　鉄鍋を火にかけて熱し、牛脂を入れて溶かす。牛肉を2〜3枚広げて入れ、砂糖を加え、中火でじっくりと焦げ目がつくまで焼いて（火が強すぎると焦げくさくなって大失敗のおそれあり。心持ち弱めの火加減でじっくりゆっくり焼く）、そのうまみを鍋に移す。
4　玉ねぎなど水けの出る野菜を入れ、砂糖、酒、しょうゆで味つけする[→a、b]。
5　ほかの具も加えて、そのたびに味を少しずつ加えていく。全体が煮えたら牛肉を上に広げてのせ、調味料を加える[→c]。煮えたものから溶き卵をつけていただく。
○土井家の「鍋あとの楽しみ」はうどん。具を適宜引き上げて、残った濃い煮汁を温め、ゆでうどん（4人分で2玉ぐらい）をからめて食べる。きざんだ青ねぎなどを散らすと、よりおいしい。

「先陣の肉」が、鍋全体をおいしくしてくれる

a　肉のうまみを移した鍋に野菜や豆腐を入れて、調味料で味をつけていく。

b　調味料は材料を入れるたびに、そこに回しかけるようにして、少しずつ足していく。

c　最後に牛肉を広げてのせ、味を加えて、蒸し焼きのようにする。

白菜の即席漬け

塩の加減さえ覚えれば、これぞ「一生もん」

漬物を自分で作るのは、気持ちがいいです。新鮮で安全なものを食べられるし、そうやって、野菜にちょっと手を加えて食べる技を知っている。そのことが、なんだか誇らしい感じがする。

即席漬けにするときは、野菜の全重量の2％の塩をふってなじませ、重石をかけて、半日ほどおきます。

慣れてしまえば簡単なこと。こんなん、目分量でできるようになったら楽しいですよ。お料理のスピードが上がって、「お料理上手になった」ゆう気がします。いや実際、こうして技がひとつずつ身について、「お料理上手」になっていくんです。

材料（作りやすい分量）
白菜‥‥1/6株（400〜500g）
塩‥‥8〜10g（小さじ1強〜大さじ1/2強）（白菜の全重量の約2％）
米酢‥‥大さじ1/2
だし昆布（5cm角）‥‥1枚

1　白菜は食べやすくちぎる（塩漬けにすると縮むので、やや大きめに）[→a]。水で洗って、心持ち水分が残る程度に水けをきる（少し水けが残っていたほうが、塩が早く回る）。
2　1をボウルに入れて、分量の塩をまぶす。米酢をふりかけ（ちょっと酸味が入ったほうがおいしく感じる）[→b]、昆布を割りながら白菜の上や、中のほうに散らして入れる。
3　2を即席漬けの容器に入れ[→c]、重石をかけて5〜6時間以上おく。
○粗ずりのいり白ごま、七味唐がらしを好みでふっていただく。

a 手でちぎったほうが白菜に表情が出て、料理の「ふんいき」が作れる。

b 隠し味に、米酢をちょっとだけ加えると美味。

c 白菜をつけ込む。漬物が固くなるので、重石はあまり重すぎてもいけない。

ボウルの上に、石などを入れた別のボウルをのせてつけ込んでもよい。

Index＿索引

○料理名は五十音順に並んでいます

Meat
　チキンカレー　79＿80
　鶏のから揚げ　10＿12
　煮豚と煮卵　23＿24
　ハンバーグ　55＿56
　ビーフステーキ　66＿68
　豚肉のしょうが焼き　7＿8

Meat & Vegetable
　かぶとつくねの含め煮　18＿20
　牛ごぼう　19＿21
　グリルチキンのサラダ　70＿72
　肉じゃが　14＿16

Seafood
　えびのコーンフレーク揚げ　74＿76
　かきフライ　63＿64
　金目の煮つけ　34＿36
　鮭のつけ焼き　39＿41
　さんまの塩焼き　26＿28
　ぶりの照り焼き　30＿32

Egg
　くずし卵のサラダ　11＿13
　卵焼き　51＿53
　タルタルサラダ　62＿65

Vegetable
　かぼちゃの直がつお煮　46＿49
　キャベツと玉ねぎの蒸しサラダ　7＿8
　グリーンサラダ　59＿61
　ごぼうの塩きんぴら　55＿57
　じゃがいもと玉ねぎのサラダ　54＿57
　じゃがいもの重ね焼き　71＿73
　フライドポテト　66＿69
　ほうれんそうのごまあえ　31＿33
　ほうれんそうの白あえ　35＿37
　水菜のからしあえ　22＿25
　蒸し野菜のサラダ　75＿77

Pickles
　かぶのあちゃら漬け　15＿17
　白菜の即席漬け　90＿93
　みょうがの酢漬け　39＿41
　野菜のピクルス　78＿81

Japanese Soup
　落とし卵のみそ汁　6＿9
　はまぐりの潮汁　82＿85
　豚ばらとにらのみそ汁　27＿29
　わかめのみそ汁　42＿45

Rice dish
　親子丼　43＿44
　かやくご飯　38＿40
　炊き込みオムライス　58＿60
　茶飯　86＿89
　手巻きずし　83＿84

Noodle
　きざみうどん　50＿52
　冷やしそうめん　47＿48

Nabe
　おでん　87＿88
　すき焼き　91＿92

The basics of cooking
　家庭だしのとり方　9
　黄身が鮮やかなゆで卵　13
　練りがらし（和がらし粉を溶いて作る）　25
　青菜をフライパンでゆでる　33
　いりごま（洗いごまをいる）　33
　豆腐の水きり　37
　めんつゆ（つけ）　48
　めんつゆ（かけ）　52
　さらし玉ねぎの作り方　65
　すし飯の作り方　84

あとがき

　今回のお料理撮影は、スタッフのみなさんが私の料理や気分を理解してくださり、ほんとにほんとに楽しくできました。そういった気分が、できあがりのお料理の仕上がりにのってきていると思います。
　家庭料理は楽しく作れば、おいしく美しくできあがることの証明だと思います。

　料理は厳しく難しいもの、というのはプロの仕事です。これから毎日作り続ける家庭料理ですから、楽しく作れば一生の得ですよ。

土井善晴

土井善晴

家庭料理の第一人者であった料理研究家、故・土井勝の次男として、
1957年大阪に生まれる。
スイス、フランスで西洋料理を、大阪の「味吉兆」で日本料理を修業。
'92年「土井善晴おいしいもの研究所」を設立。
父の遺志を継ぎ、「清く正しくおいしい」家庭料理を提案する。
テレビ、雑誌、レストランのメニュー開発などで幅広く活躍。
『日本の家庭料理独習書』(高橋書店)など著書多数。
妻、娘との3人家族。
趣味はジョギング、タルトタタンを焼くこと、
長時間煮込む本格カレーを作ること。
○土井善晴おいしいもの研究所ホームページ
　http://oishii-web.hp.infoseek.co.jp/
○料理製作アシスタント／おいしいもの研究所

ブックデザイン‥‥‥茂木隆行
撮影‥‥‥‥‥‥‥‥竹内章雄
スタイリング‥‥‥‥肱岡香子
構成・文‥‥‥‥‥‥白江亜古

土井家の「一生もん」2品献立
みんなが好きな「きれいな味」の作り方。

2004年12月 9日　第 1刷発行
2024年 5月 7日　第32刷発行

著　者　　土井善晴
発行者　　清田則子
発行所　　株式会社　講談社
　　　　　〒112-8001　東京都文京区音羽2-12-21
　　　　　編集　03-5395-3527
　　　　　販売　03-5395-3606
　　　　　業務　03-5395-3615
印刷所　　TOPPAN株式会社
製本所　　株式会社若林製本工場
©Yoshiharu Doi 2004, Printed in Japan

落丁本、乱丁本は購入書店名を明記のうえ、小社業務あてにお送りください。
送料は小社負担にてお取り替えいたします。
なお、この本についてのお問い合わせは、with編集あてにお願いいたします。
本書のコピー、スキャン、デジタル化等の無断複製は著作権法上での例外を除き禁じられています。
本書を代行業者等の第三者に依頼してスキャンやデジタル化することは
たとえ個人や家庭内の利用でも著作権法違反です。
定価はカバーに表示してあります。
ISBN4-06-271633-X